山東大學雙一流建設「中國古典學術」專項資助項目

山東大學中文專刊

古漢字通解500例

徐超 著

中華書局

圖書在版編目(CIP)數據

古漢字通解 500 例/徐超著. —北京：中華書局，2022. 7
(2022. 9 重印)
(山東大學中文專刊)
ISBN 978-7-101-15625-6

Ⅰ. 古…　Ⅱ. 徐…　Ⅲ. 漢字-研究　Ⅳ. H12

中國版本圖書館 CIP 數據核字(2022)第 010734 號

書　　名　古漢字通解 500 例
著　　者　徐　超
叢 書 名　山東大學中文專刊
責任編輯　朱兆虎　馬現宸
責任印製　管　斌
出版發行　中華書局
(北京市豐臺區太平橋西里 38 號　100073)
http://www.zhbc.com.cn
E-mail:zhbc@zhbc.com.cn
印　　刷　三河市中晟雅豪印務有限公司
版　　次　2022 年 7 月第 1 版
2022 年 9 月第 2 次印刷
規　　格　開本/920×1250 毫米　1/32
印張 10⅝　插頁 2　字數 260 千字
印　　數　1501-3500 册
國際書號　ISBN 978-7-101-15625-6
定　　價　78.00 元

《山東大學中文專刊》編輯出版説明

《山東大學中文專刊》，是山東大學中文學科學者著述的一套叢書。由山東大學文學院主持編輯，邀請有關專家擔任編纂工作，請國内有經驗的專業出版社分工出版。山東大學中文學科與山東大學的歷史同步，在社會巨變中，屢經分合遷轉，是國内歷史悠久、名家輩出、有較大影響的中文學科之一。一九〇一年山東大學堂創辦之初，其課程設置就包括經史子集等中文課程。一九二六年省立山東大學在濟南創辦，設立了文學院，有中國哲學、國文學兩系。上世紀三十年代至四十年代，楊振聲、聞一多、老舍、洪深、梁實秋、游國恩、王獻唐、張煦、丁山、姜叔明、沈從文、明義士、臺静農、聞宥、欒調甫、顧頡剛、胡厚宣、黄孝紓等著名學者、作家在國立山東（青島）大學、齊魯大學任教，在學術界享有盛譽。中華人民共和國成立後，山東大學中文學科迎來新的發展時期，華崗、成仿吾先後擔任校長，陸侃如、馮沅君先後擔任副校長，黄孝紓、王統照、吕熒、高亨、高蘭、蕭滌非、殷孟倫、殷焕先、劉泮溪、孫昌熙、關德棟、蔣維崧等語言文學名家在山東大學任教，是國内中文學科實力雄厚的學術重鎮。改革開放以來，中華人民共和國培養的一代學術名家周來祥、袁世碩、董治安、牟世金、張可禮、龔克昌、劉乃昌、朱德才、郭延禮、葛本儀、錢曾怡、曾繁仁、張忠綱等，以深厚的學術功力和開拓創新精神，譜寫了山東大學中文學科新的輝煌。總結歷史成就，整理出版幾代人用心血和智慧凝結而成的著述，是對學術前輩最大的尊敬，也是開拓未來，創造新知，更上一層樓的最好起點。二〇一八年四月十六日，山東大學文學院新一届領導班子奉命成立，二十日履任。如何在新的階段爲學科發展做一些有益的工作，是擺在面前的首要課題。編輯出版《山東大學中文專刊》是新舉措之一。經過一年的緊張工作，一批成果即將問世。這其中既有歷史成就的總結，也有新時期的新著。相信這是一項長期的任務，而且長江後浪推前浪，在未來的學術界，山東大學中文學科的學人一定能够創造出無愧於前哲，無愧於當代，無愧於後勁的更加輝煌的業績。

山東大學文學院

二〇一九年十月十一日

前　言

《前言》要説三個問題，一是寫作目的，二是我的做法，三是編寫體例。

一、寫作目的

本書是我學習西周青銅器銘文的副産品，起初并没有寫書計劃，後來在學習過程中逐漸萌生了寫一本小書的想法，主要原因有三個。

一是，我數十年來的一個基本觀點，就是認爲漢字文化是中華文化的核心性文化，基礎性文化。古漢字是漢字文化的源頭，其中的甲骨文和金文更是開創了中華文明新時代的最初記憶，是遠古文化的化石，而用它們記録的文辭則是中華古老文化的重要載體，是我中華祖先留給子孫後代和世界人民的寶貴遺産。2017年11月24日，甲骨文順利通過聯合國教科文組織世界記憶工程國際諮詢委員會的評審，成功入選《世界記憶名録》。這是甲骨文應該得到的禮遇，是中華文化和中華兒女的驕傲，同時更提醒我們應該肩負起普及古漢字教育的責任。

二是，有感於古文字研究現狀。1997年，我參加全國高校漢字學高級研討班學習，有幸聆聽周有光、啓功、裘錫圭、李學勤、高明、趙誠、何九盈、王寧、鄒曉麗、蘇培成等一流學者多輪次的學術報告。日前我再次翻檢當時筆記，感到二十年前他們提出的學術難題，至今依然存在，古文字研究領域尚待開發和深度挖掘者正多。單就甲骨文識字而言，至少有超過總數二分之一、接近三分之二，即將近三千個字，至今仍然不能準確識別，而一些已有的結論也未必是最後的結論。存世的一萬八千多篇青銅器銘文雖已初步識讀，但深藏器中、文中的文化秘密遠未揭明。這一方面是因爲古文字文獻研究確實具有頂尖級的難度，有能力參與其事的人本來有限，同時因爲古文字著作大多是鴻篇巨制，其結論又往往各執一詞，客觀上也削弱了學科的吸引力和學科知識的傳播力，影響了研究隊伍的壯大。可喜的是，近些年來，由於國家高度重視挖掘傳統經典文化，古文字研究隊伍迅速擴大，大批專業研究者迅速開往這塊文化寶地，出現了一批傑出的學者和大量研究成果，古文字學居然魚躍翻身，成爲“顯學”，令人深受鼓舞。

第三，我雖然不在古文字專業的“圈子”裏面，但從傳統語言文字學的專業來看，古文字研究也應該看成是與本專業關係密切的一種基礎性研究，很希望看到古文字學那邊撥雲見日的一片天地，因而就不免常常想：古文字學的出路在哪裏？這就自然想起我國乒乓球與足球的盛衰兩重天，究其原因，應該與群衆基礎大有關係。一個行業要想全面突破，必賴總體水平的提升，所以我覺得，適當普及古文字教育可能是一個具有根本意義的出路，但一些“戲説”或“演義”式的普及性讀物又不免令人心生憂慮，因而想到做一件專業學者不想或没有精力去做的事，而對於傳統語言文字學工作者來説，也是一件題内之事，於是就不揣淺陋，決定寫這本小書。希望通過這本小書，讓讀者看到以甲骨文、金文爲主體的一批古漢字的真實面目，并通過本書簡短的解説，瞭解深藏其中的文化秘密，感受鮮活的造字智慧和文明記憶。更希望這本小書能够給古文字初學者起個激發興趣乃至領到門口的作用。有興趣就很容易走到大門口，走到大門口就很可能又想進去一看究竟。時間一長，説不定後面就會出現一個長長的隊伍，而其中的一些人或許又會成爲古文字研究的後備軍。如果真是這樣，那也算是對古文字學科作了一點微薄的貢獻，就像戰時後方推小車送軍糧的民工一樣，我也會自感歡欣。

二、我的做法

我在二十世紀八十年代讀趙誠《甲骨文簡明詞典——卜辭分類讀本》(北京：中華書局，1988年)，給我的一個强烈印象是“構形不明”，作者在大量詞條下一開始就寫這四個字，而《前言》裏又這樣説：

> 本書開始編寫於一九七七年，到一九八四年夏完稿。在這八年之間，有不少問題曾先後向于省吾、唐蘭、張政烺等先生請教過，也和姚孝遂、李學勤、裘錫圭等先生討論過，從而使得一些麻煩的問題得以比較妥當地解决。尤其是于省吾先生……對本書原稿進行審讀，并提出了許多相當中肯的意見。……本書完成之後，承劉宗漢同志審讀一過，提了不少寶貴意見。

一部簡明讀本，八年研究功夫，一流學者參與討論，結果還是無數個“構形不明”，這可能是古文字研究必須面對的一個現實。因爲研究古文字必須從甲骨文字形分析開始，而甲骨文衹是在一百多年前才被發現，才開始研究。考察它的構形意義，必須從當時的語言事實和社會事實出發，必須結合更遠更寬闊的文化背景加以考察，而這些相關信息大多湮没無聞，可資參照對比的文獻資料極爲有限，所以甲骨文研究困難重重實是在所難免。所幸甲骨文研究已經積累了一百多年的成果，特别是近數十年來更取得了長足的進步，許多結論已接近統一。但如前所説，疑難問題還有很多。

於是我要説到我的想法和做法。我的一個基本想法是，構形不能簡單地認爲就是“象”的什麽形，“會”的什麽意等等——至少不能局限於這些研究，因爲更重要的是，我們可以通過其原始字形查明它們與後世文字的淵源關係，并考察其在文獻中的意義。我們即使一時不能弄清其構形意義，但這并不妨礙我們研究古文字的進程。這個時候，我想到兩位前輩學者，一位是馮友蘭先生，一位是沈從文先生。馮友蘭把自己的讀書方法概括爲十二個字：“精其選，解其言，知其意，明其理。”（馮友蘭：《馮友蘭讀書與做人》，北京：國際文化出版公司，2011年，第3頁）沈從文的古代文物研究，有人稱之爲“抒情考古學”，他研究的是物，但“他看到的是人，人的聰明，人的創造，人的藝術愛美心和堅持不懈的勞動”。（汪曾祺：《沈從文的寂寞》，《讀書》1984年第8期，第69頁）兩位前輩的做法對古文字、古文獻的研究具有借鑒意義，值得我們學習，甚至也可以看成是我寫作本書的基本思路和出發點。所以，本書力求做到精其選、解其言、知其意、明其理，在此基礎上，更力求引導讀者在古文字知識點以外尋求更爲廣闊的意義，就是在通過閱讀本書，借以瞭解一點古文字知識之外，更要通過這些知識點，能够看到活着的先民，看到先民的智慧和創造，看到先民的藝術愛美之心和堅持不懈的勞動，從而激發對祖國古典文化的感情和興趣，激發創新精神和創造思維。所以我想請讀者留意，全書固然是無數個具體知識點的連綴，但每個個案其實也昭示着一種現象，甚至暗含着一條規律。我視古漢字文化爲智慧的淵藪，因而也就認爲，學習古漢字文化不僅可以學到古漢字的具體知識，更要汲取深藏其中的智慧——總之是要留意“知識”以外的知識。

此外我還注意力求做到兩點。第一，我是想儘量化深奥爲平易，化繁雜爲簡明。第二是鼓勵存疑、質疑和探索。有人把未知世界畫成一個黑球，而已知部分不過是劃過其中的一條細細的白綫。就是説，誰能突破這根細細的白綫一點點，誰就是突破未知世界的功臣。這固然是説突破之難，但同時也等於是説人人可以挑戰不可能。前輩有言：“多聞闕疑，慎言其餘。遭人而問，少有寧日。”這是真正的學習態度。記得啓功先生常常告誡我們，説王國維先生回答别人的提問往往就是“弗曉得”、“弗的確”、“弗見得”三句話，啓功先生談到文物鑒賞時説：“凡有人肯定説自己‘不清楚’、‘没懂得’、‘待研究’的人，必定是真正偉大的鑒賞家。”隔行如隔山，我是古文字這座大“山”之外的人。專業學者在那裏頻頻説“不明”，我敢説“明”嗎？所以我的態度是既有個人看法，又有存疑，文中的“可能”、“或是”、“因疑”一類説法就體現了這一點。

西瓜打開見真相，但我明確地説，還是要培養“隔皮猜瓜”的本領，不能衹想着“打開看看”。有人説古文字考釋主要靠猜，作者的意見是靠學問。學問是個無底洞，故本書鼓勵學習、研究、質疑、探秘，并鼓勵將此精神推廣至所有領域。我甚至想，有時候學習和研究的過程比得到結論可能更重要。

三、編寫體例

本書選取了常用并便於初學的500個漢字爲例，每個字條依次爲以下内容：（1）分别列出甲骨文、金文、小篆（或含《説文》籀文、古文和異體）三體字形。（2）以早期常見字形爲基本依據，解釋每個漢字的構形意義和構形方法，説明其本義、引申義、假借義以及相關提示。必要時也説明在卜辭、銘文中的用法。（3）分别選列楚簡帛文、秦簡牘文常見或基本字形，意在説明漢字形體演變軌迹及其規律。楚簡帛文指楚系簡帛文字，秦簡牘文指秦系簡牘文字。其中第（2）部分是重點。

就每個字條的閲讀點而言，主要想嘗試解决四個基本問題：（1）使讀者知道，作爲孤立的字，要學會通過構形分析，解决識字的難題。（2）使讀者知道，文字作爲文獻中的詞存在的時候，要懂得它在具體語境中的實際意義即詞義，進而認識詞義演變規律，解决閲讀古文字文獻中的釋詞難題。（3）使讀者看到從甲骨文到現代漢字的演變軌迹，逐步認識漢字演變的基本規律，并借以解决書寫的難題。（4）使讀者深入到古文字内部，瞭解其中暗含着的文化以及造字、用字過程中體現出來的智慧和創造精神，解决認識文化和文化精神的難題。每條的解説多有暗含語言文字發展變化規律的提示，這可能是其中最需要領會的重點。在解説的過程中，勢必會涉及500例以外的其他字。因此，本書所列字頭雖然以500爲限，但實際解釋了1200餘字，比如“道”字條，就連帶解釋了“九”“肘”“寸”“守”等多個相關字形。

對以上兩段話還要作兩點説明。一個是，本書的重點是識字，比如解釋甲骨文，主要是分析字形結構和構形方式。這首先是基於本書編寫的宗旨是普及古文字知識，因爲識字是關鍵一步。其次是因爲，我們把甲骨文與卜辭看成兩個概念（金文與銘文的關係也是如此），解釋甲骨文一般是説字義，主要是説構形意義，大致例同《説文解字》，而用在卜辭的具體語言環境裏則是詞義。二者有些密切相關，甚至完全一致，有些則毫不相干。比如趙誠《甲骨文簡明詞典——卜辭分類讀本》解釋人名150個，卜官私名126個，方國名120個，地名262個（雙音詞不計），以上都是記音字，記音字的字形與詞義無關。又如東、南、西、北、風、雨、雲、日等詞在卜辭裏一般都是用作祭祀對象，指自然神；河、岳、土、木、季、毓（育）、巫、兮等詞都是用作祭祀對象，指某一神名或先祖名。用作祭祀對象的詞與用作一般意義的詞，它們的意義往往也有較大差别。趙書在“動詞類”一節裏説，這裏所説的動詞不包括作爲祭祀用語的動詞，“因爲祭祀是商代的一件大事，有它自己的特殊性”。所以本書説的“本義”，雖然也要結合卜辭、銘文及其他古文獻用例考察，但主要還是通過字形分析，探討其構形意義。這裏還要强調，字或詞的本義問題極其複雜。字的本義通常應該就是作爲造字對象的詞在當時的常用意義或基本意義。但要注意以下兩種情況：首先，字形表示的意義（即構形意義）往往比字的本義要狹窄，所以，不能簡單地把構形意義看成是字或詞的本義。其次，造字往往可能是在這個詞出現以後，所以，它所表示的詞義并不等同於這個詞的原始意義，至於借用某一字形、字音表示的假借義更與本義毫無關係。本書關於本義的解説主要根據作者的思考，并結合學術界通行的説法提出意見，僅供讀者參考。

第二點説明是，上述五種古文字字形的排列次序不完全體現歷史先後關係。甲骨文盛行於商代後期，金文盛行於西周至春秋時期。一般而言，甲骨文要略早於金文，但也有許多金文産生在商代，具體年代甚至要早於甲骨文。甲骨文與金文的關係主要體現在甲骨文屬俗體，而金文屬正體，它們是我們認識古文字的最主要、最重要的兩種書體，也是本書解説的重點。楚簡帛文先於小篆，秦簡牘文與小篆時代接近。問題的關鍵是，楚簡帛文雖然以篆勢爲主，但已經大踏步邁向解散篆體的嶄新道路，而秦簡牘文則更以隸勢爲主。戰國時代的秦國文字，其俗體演變爲隸書，其正體演變爲小篆，并最終作爲規範性文字通行於秦代。爲了便於解説，本書把小篆作爲篆書系統的終結，而把楚簡帛文和秦簡牘文排在另一個系統中，放到小篆之後。又，《説文》收籀文215個，收古文500多個。一般認爲，籀文是指通行於春秋戰國時期的西方秦國文字，體現了繼承西周文字的“正統”風貌。古文則是指通行於戰國時代東方六國的文字，多帶有俗體的特點。因爲小篆主要體現爲“簡體”的古籀，故學術界或把籀文和古文稱爲大篆，并認爲籀文是大篆的代表。這是狹義的大篆，而廣義的大篆則指小篆以前的所有古文字。爲了讓讀者也能認識到古文字裏的這個環節，本書也收録少量籀文和古文，排在金文之後、小篆之前。總之，字形的排列順序是由篆而隸（含篆勢爲主而帶有隸意的楚簡帛文），即以甲骨文、金文、小篆爲一段，排在前。相關解釋完成以後，最後列出楚簡帛文、秦簡牘文，對它們一般不作字形分析。如前所説，主要是讓讀者體會解散篆體的書寫給字體演變帶來的影響，更好地認識字形演變的成因和規律。

所選字形力求準確，一般都是原始字形。原始字形較多的則力求典型性和多樣性，但以基本字形爲主體，一般排在靠前的位置。特殊或偶見字形，一般排在較後的位置。甲骨文基本字形外的其他字形按形態或構形類型排序。金文的排序主要按時代、風格或構形類型。書中還酌情收録了一些春秋戰國時代的裝飾性文字，這是爲了讓讀者瞭解古人在文字造型上表現出來的驚人的藝術才華；爲求字形風格統一，裝飾性文字一般單獨置於最後。各類書體之中，金文字形選録最多，這是因爲金文數量原本極爲龐大，構形方式極爲多樣，需要挖掘的文化意藴極爲豐富；同時也因爲金文結構嚴謹，書法精美，是古漢字書法的經典樣本，對後世書法影響極大。我想，我們這樣做也完全符合廣大書法愛好者的熱切需要。需要説明的是，爲了讓讀者能清晰地看到古文字一路走來的軌迹，拙著選用了大量原始字形，這些字形都是從權威工具書裏複製的。有意深入研究的讀者，可以根據本書提供的書目自行查找。

本書以被解釋字作字頭，按音序排列。字頭用字一般選用能體現現代漢字常用意義的字，這樣做主要是爲了便於初學者檢索。如“無”雖然是古“舞”字，但本書仍以“無”作字頭。特殊一點的，如“行”字，既有xíng的讀音，又有háng的讀音，“臭”字，既有chòu的讀音，又有xiù的讀音，爲了體現古義，本書分別按háng和xiù的讀音排序，而不按xíng和chòu的常見讀音排序。有些還在字頭下加括號注明較古的隸定字形，如“愛”（㤅）和“並”（竝）等。

本書强調學術性、知識性、普及性。力求博覽衆家、審慎取捨、間雜己見。考慮到本書的性質，行文中的引述部分一律從簡，也不注明出處，讀者通過本書所附《主要參考文獻》所提供的出處查閱有關原始文獻，可知具體考證的細節。叙述語言力求簡明科學，既有古文字學的相關術語，也避免過分學術化。

本書留待讀者思考或糾正的問題一定還有很多很多。王力先生在他的學術著作裏説他“一得之見存乎取捨之間”，而本書究竟有幾多“一得之見”尚屬未知。裘錫圭先生論甲骨文常常用“可能”説出他其實已是深思熟慮的結論，這應當是對某種不良學風的無言警示。所以，我要鄭重引用趙誠先生在《甲骨文簡明詞典·前言》裏的話作爲結語：

> 本書是吸收前輩和當代研契諸家的成果編寫而成的。本人的工作主要是加以選擇或作一些必要的補充。其間也有一點個人的研究所得，但那是極爲次要的。本書對於各詞的解説，

有的基本上從一家之言；有的是綜合了各家的研究成果；有的又是在某些考釋的基礎上稍加補充；有的從某家之説但又并非是全部采用。依據詞典體例，引文不再一一注明出處。總起來説，本書的解釋有欠妥或荒謬之處，與研契諸家無關，其責任全在本書的選擇失誤或補充不當。

趙誠先生三十年前説的話就是我今天要説的。

本書主要參考文獻有張世超等《金文形義通解》（日本京都：中文出版社，1996年）、何琳儀《戰國古文字典——戰國文字聲系》（北京：中華書局，1998年）、李圃主編《古文字詁林》（上海：上海教育出版社，2004年）、劉釗《古文字構形學（修訂本）》（福州：福建人民出版社，2011年）、黄德寬主編《古文字譜系疏證》（北京：商務印書館，2007年）、《裘錫圭學術文集》（上海：復旦大學出版社，2012年）、裘錫圭《文字學概要（修訂本）》（北京：商務印書館，2013年）、季旭昇《説文新證》（臺北：藝文印書館，2014年）等。甲骨文、金文字形主要取自劉釗主編《新甲骨文編（增訂本）》（福州：福建人民出版社，2014年）、董蓮池編著《新金文編》（北京：作家出版社，2011年）。極少數金文字形取自陳斯鵬等編著《新見金文字編》（福州：福建人民出版社，2012年）。小篆字形采用北師大説文小篆字體。楚簡帛文和秦簡牘文字形主要取自國學大師網和相關文字編。上述著作或成果其實也大量吸取了前賢時哲的觀點。在此，我謹向有關作者、編者以及無數未曾署名的學者致謝，是他們的合力在推動着學術的進步。

重要術語解釋

“初文”是指一個字最早或早期的字形，通常也是指表示本義或基本義的詞形。

“象形”或稱“象某某之形”，一般説是象形字，其中也包括合體象形字。

“指事字”一般是指加指示性符號的字。

“會意”一般是指會合二形或多形表示字義，有時也説成“會某某之意”。

“假借”一般是從文字學用字角度而言。

“通某”、“通假”、“讀如某”一般是就文獻用字角度而言。

“从甲，乙聲”説的是形聲字，就是説甲爲意符，乙爲聲符。文中此類解説皆依《説文》用“从”。我們説意符、聲符，實際已經説明它們的本質就是“符號”，與作爲或代表意符、聲符的那個獨立的“文字”是有本質區别的。所以，意符衹能作爲我們在探討構形意義時的參考因素。由於上古音的真實情況至今難以明瞭，説“某聲”或“某爲聲符”主要還是説明是形聲結構。對一般讀者而言，想通過聲符弄清古音，甚至想弄清今音或古今音變是不可能的。

“从甲从乙，乙亦聲”，一般是説該字合甲乙而會意，乙兼聲符。

“从甲从乙省，乙亦聲”，一般是説該字从甲，从乙形而有所省略，乙兼聲符。有時也叫“省聲”，即省去聲符字的一部分。

凡是説“兼聲符”，一般都是説這個聲符字在構形中兼有表示意義的作用，即學者通常説的“聲中有義”。其實，“六書”或“四書”理論并不能完全適用於古文字字形分析，但如果完全拋開這些術語又難以解説構形意義。好在本書有本書的寫作宗旨，自當以“從衆”爲宜。

“本義”通常應該就是作爲造字對象的詞在當時的常用意義或基本意義。

“孳乳”一般是指分化字、區别字或同源字。

“變易”一般是指字形上的細微變化。

“隸變”是指解散篆體以後，字形走向古隸的變化過程。一般認爲，古隸是小篆的俗體。所謂“俗體”是相對官方正體而言的，是簡便快捷的實用性書寫。古隸多出自下層掌管文書官員之手，也叫“佐書”或“左書”，“佐”“左”都有輔助的意思。“佐書”就是説它是一種能彌補篆書不足的書體，實際是篆書“草化”的産物。這些事實也説明，漢字字體轉變是由群衆書寫推動的。“隸變”在漢字發展史上具有里程碑意義，因爲漢字從此結束了古漢字的歷史，走上了今漢字（廣義的現代漢字）的歷史新階段。

“隸定”是指把古文字字形楷化，就是用今文字的結體方法寫出古文字，而不是描摹古文字字形。

“訛變”，是指文字使用過程中出現的、與原字形不同的筆劃增減或變形，甚至是違背當初構形原理的變化，但這種不規範和帶有隨意性的書寫變化，後來又往往通過約定俗成和優存劣汰的原則，而進入“正統”的文字體系。

“類化”，是指構形部件或部件形態整體同化的現象，它可以發生在某個具體字的内部，也可以發生在特定文字系統中衆多文字中間。

“區别符號”一般是指用在分化字上以區别於“母體”的符號。

“飾筆”也叫裝飾符號，没有表意功能，有時也表現爲新體的訛變或書寫的隨意性。

本書稱“甲骨文”“金文”，一般是從文字角度而言。稱“卜辭”“銘文”，一般是從文獻角度而言。稱“卜辭”，實含少量占卜刻辭外其他甲骨刻辭，文中不再區别。

本書所稱“文獻”，一般是指習慣意義上的傳世文獻。

古代的姓、氏、族等關係複雜，卜辭、銘文用作姓氏名或氏族名的，我們一律稱爲“氏族名”，若細分或有不同。國名與地名、姓氏之間有明顯淵源關係，我們則根據具體情況分稱“方國名”“氏族名”或“地名”。

目　録

001.愛

愛(炁),金文作,小篆作。

金文是戰國時期字形,从心,旡(jì)聲,隸定作“炁”,後世分化作“愛”。銘文用仁愛義。提示:《説文》“炁”“愛”不同字,“炁,惠也”,“愛,行皃”。金文、楚簡帛文等先秦古文字多以“炁”記“愛”,而秦漢簡帛文及傳世古書多徑作“愛”。

楚簡帛文作,第一、二字形有訛變。第三、四字形隸定作“㤅”,近似《説文》“炁”的古文。《説文》認爲“既”从旡聲,則“既”“旡”聲同。秦簡牘文作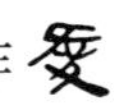,古隸典型。

002.安

安,甲骨文作,金文作,小篆作。

陳劍認爲,“安”字所从之“女”,是在斂手跪坐之人的股、脛之間多加一筆,表示跪坐時股脛接觸,亦即將臀部放在脚跟之上,此即所謂“安坐”。裘錫圭認爲,這一筆畫或表示某種藉墊物。增意符“宀”之“安”應是“女”的繁體。戰國金文或增“心”作意符,當示心安。文獻多用安全、安放、静止等義,皆由本義引申。卜辭或用安好義,或用作祭祀對象名、地名。銘文或用安寧、問安義。

楚簡帛文作，第一、二字形不从宀，沿襲初形。第三、四字形所从之“宀”作“人”字形，是春秋戰國時代流行的俗體寫法。秦簡牘文作，古隸典型。參見500.坐字條。

003.百

百，甲骨文作，金文作，《説文》古文作，小篆作。

“白”“百”爲一字之分化，“白”上加一横表示計數的“百”，白聲。于省吾以爲是在“白”的中間加折角符號而分化。分化字在分化之初往往通用。金文或在字形上端增一横點爲裝飾，末二字形是倒書，見於戰國晚期金文及戰國貨幣文，是三晋和中山國文字的特殊寫法，今録之以廣見聞。卜辭、銘文多用作計數之“百”。

楚簡帛文作，沿襲古體。秦簡牘文作，古隸典型。

004.拜

拜，金文作，《説文》古文作，小篆作，或體作。

金文前四字形隸定作“捧”，即《説文》“拜”字，从手，𠦪（hū）聲。第五字形从頁，𠦪聲。第六字形从手、頁會意。古禮：跪而雙手相拱至地，首俯於手曰拜。本義是拜，銘文用本義。文獻又或用拜謝、拜訪義。又或通“拔”，故郭沫若説“捧”即“拔”的初文，則“拜”當是其假借義。

楚簡帛文作，因類化而从二“手”。秦簡牘文作，“𠦪”上部訛變近“卉”。

005.敗

敗，甲骨文作，金文作，《説文》籀文作，小篆作。

甲骨文第一字形从貝从攴（pū），表示以手持物擊貝，會毁壞之意，貝亦聲。古代多用貝作裝飾物或貨幣，“貝”即是一種海貝的象形。在古文字體系裏，“貝”“鼎”作偏旁多因形近而混用，故甲骨文第二字形从鼎从攴會意。金文繁化意符从二“貝”。“敗”的本義是毁壞，引申爲破敗、失敗等義。卜辭或用本義。銘文或用毁壞、戰勝等義。提示：甲骨文“攴”作，金文作，皆象手持木杖之形。甲骨文“殳”（shū）作，金文作，初文象手持長柄器物，器物前部作棱形，可以用作兵器。用作動詞，有擊打、投擲之義，古文獻或通“投”。作爲構形部件，“又”“攴”“殳”表意相近，都是表示行爲動作，故金文“敗”的第二字形从殳。依次比較上列“攴”“殳”字形，其演變軌迹清晰可見。

楚簡帛文作，或从攴，或从戈，其義無別。秦簡牘文作，古隸典型。

006.邦

邦，金文作，《説文》古文作，小篆作。

从邑，丰聲。甲骨文“丰”字有等形，或說植木於土以作疆界。金文增“邑”作意符表示是城邑，隸定則爲“邦”，可見“丰”“邦”當是一字之分化。又考銘文“封”或作，與甲骨文“丰”的字形相同，又作，故隸定作“封”，因知“丰”“封”亦爲一字之分化，增“又”作意符則是表示分封的行爲。“又”有時寫作“寸”，作爲構形部件，“寸”“又”在春秋戰國時期常常通用。從語言角度看，分封的行爲曰封，故其分封的土地亦謂之封。其後爲區別詞義，以“封”爲動詞義，以“邦”爲名詞義，“邦”“封”本音義相因相承。“邦”的本義是諸侯的封國。周時天子有天下，諸侯有邦國，大夫有家。銘文多用本義。

楚簡帛文作，沿襲古體。秦簡牘文作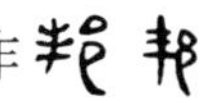，古隸典型。參見087.丰字條。

007.保

保，甲骨文作，金文作，《說文》古文作，小篆作。

甲骨文从子从人，且多置“子”於“人”的背後，早期金文更顯示爲大人環臂伸手負子於背的意象，故知字形以大人背負小兒會意，本義是保育。金文第六字形是常見字形，與甲骨文第四字形即西周字形相同，“子”旁一短撇或本爲早期手形遺迹，或本是區別符號。後爲求對稱而增一短撇。末字戰國金文增“爪”爲意符，或以爲是从人，孚聲，即以“爪”“子”合成“孚”而聲化。金文字形中有增“玉”爲意符者當是“寶”字，銘文“保”“寶”或通用。“保”在卜辭中或用護佑義。銘文用保佑、保持、保衛等義。或用爲官名，即太保。或通“胞”“抱”。又孳乳爲“褓”“媬”等字。

楚簡帛文作，篆勢猶存。秦簡牘文作，古隸典型。

008.寶

寶，甲骨文作，金文作，《説文》古文作，小篆作。

甲骨文基本字形从宀从貝从玉，會室中珍寶之意。金文或增“缶”爲聲符，古無輕唇音，讀“缶”如“寶”。有人認爲“缶”也可能兼意符之用，表示盛寶之器。“寶”字構形極多，無非增減聲符、意符，得其規律，識字不難。卜辭或用作人名。銘文多用珍貴、珍愛、珍重等義。

楚簡帛文作，前者沿襲古體，後者从玉，保省聲。

009.報

報，金文作，小篆作。

从㚔（niè）从𠬝，𠬝亦聲。“㚔”是古代刑具，手械之類。“𠬝”即“服”的初文，甲骨文作，象手按抑下跪之人，卜辭中指俘虜。“報”字从㚔从𠬝會意，表示依法治罪。本義是依法拘捕治罪，引申爲報告、回答、通知、傳達、報答、報應、回報等義。又讀如“赴”，蓋古無輕唇音。銘文或用爲祭名，或用回報義。

秦簡牘文作，古隸典型。參見092.服字條、469.執字條、447.圉字條。

010.北

北，甲骨文作，金文作，小篆作。

象二人相背之形，“背”的初文。本義是相背，引申爲敗北而逃。文獻多假借爲方位名詞，後世增“肉”爲意符造“背”字表示脊背、相背之義。卜辭、銘文或表示北方。銘文又或作國名。

楚簡帛文作，沿襲古體。秦簡牘文作，形近今體而古意猶存。

011.奔

奔，甲骨文作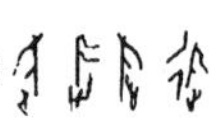，金文作，小篆作。

甲骨文从止从㫃（yǎn），㫃亦聲。“止”，足也，作爲意符，从止多表示與行走相關的行爲動作。第四字形增“彳”（chì）作意符，“彳”與“止”組合即爲“辵”（chuò），从止从彳與从辵表意相同。“㫃”本象古代旗幟頂部下垂的飄帶，當是“旂”的初文，這裏表示軍旅。姚萱認爲，“㫃”下加“止”，表示追逐（敵方）軍隊。金文前二字形與甲骨文第一字形相同。第三字形以下另起爐灶，在簡寫的古“走”字下加三“止”表示奔跑疾速，比“走”更快。但“止”多訛作“屮”（chè）形，故三“止”譌爲“芔”，“芔”即“卉”，兼表聲。《説文》依从芔之形解釋爲从賁省形而得聲，故文獻“賁”或通“奔”。後世多以从三“牛”的“犇”作爲“奔”的異體，是新的會意字。第五字形增意符“彳”。石鼓文以三個

“走”字并列會意，更是别出心裁。“奔”在文獻中或用快跑、追逐、逃亡、奔走效力等義。讀去聲有投靠、竭力做事義。卜辭或用追逐義。銘文多用奔赴、奔走效力義。提示：本字條對甲骨文及金文前二字形的釋讀吸收了甲骨文和金文的最新研究成果，如《新甲骨文編（增訂本）》《甲骨文常用字字典》以及有關論文，不代表學術界普遍接受的意見，比如就有學者釋此字爲“旋”。又，《新甲骨文編（增訂本）》“奔”字條收字，姚萱認爲，是“奔”的異體，从止，㫃聲，而與的用法與字形皆不同，當非一字。

秦簡牘文作，古隸典型。參見493.走字條。

012.本

本，金文作（摹本），《説文》古文作，小篆作。

“木”下加圓點作指事符號，表示是草木的根部，引申指草木的莖或幹，又引申爲事物的基礎、主體、本原等義。銘文或用作人名。

楚簡帛文作，第二字形增“臼”，爲《説文》古文所本。秦簡牘文作，古意猶存，但都漸近今文字的書寫狀態。

013.必

必，甲骨文作，金文作，小篆作。

郭沫若以爲是“柲”的初文，本義是戈戟類長兵器之柄。裘錫圭認爲，甲骨文第一字形是象形，後三字形應是在兵器柄部加指事符號後的繁體。金文則增“八”字形飾筆，後演變爲聲符，也有人認爲純爲飾筆。卜辭或用作本義，或讀爲“毖”，戒敕、鎮撫之義。銘文或用本義，或用作情感副詞，表示必定。或用作地名。提示：“必”“戈”“弋”三字音義不同，注意區别。“弋”的本義是木樁、木橛，甲骨文作等形，金文作等形。“戈”本是一種武器，但作爲構形部件或與“弋”通用。

楚簡帛文作，形稍訛變。秦簡牘文作，形近今體而古意猶存。參見103.戈字條、120.國字條。

014.畢

畢，甲骨文作，金文作，小篆作。

甲骨文上从田，下爲網狀帶柄的捕獵工具，構形是以網田獵會意。或説“田”下即爲“畢”的初文，本義爲田獵之網。金文或加意符“廾”(gǒng)，表示雙手動作。甲骨文字形爲周原甲骨文，用作方國名或姓氏。銘文多用作氏族名。文獻或用動詞義，即以網捕捉。或用以稱簡札，即竹簡。常用義爲結束、全部。

楚簡帛文作，在字頭加意符“罒”(即“网”“網”)。秦簡牘文作，所从之“田”連筆而下，已見今體趨勢。參見263.禽字條。

015.賓

賓(宾)，甲骨文作，金文作，《説文》古文作，小篆作。

甲骨文字形多種，各有簡省。有人認爲，“賓”與“宾”并非一字。張玉金認爲，繁體應是早期字形，其形分爲兩大部分，其中第一部分可以理解爲一個會意字，有从宀从人、从宀从元、从宀从兀和从宀从万（不是繁體作“萬”的“万”）四種寫法，而“元”“兀”“万”其實都是“人”字的變體，所以這四種字形表意相同，都表示人的居處。後世在“万”上加一曲筆就成了小篆中的“丏”（miǎn）字，則上述字形結構就可以解釋爲从宀从丏，丏亦聲，字寫作“宾”。第一部分的第二個意符是“卩”（jié）或“女”，都是雙膝着地、雙脚支臀的人形。“卩”或“女”與上述字形又組合爲一個複合意符，表示人在居所。“賓”字初文的第二大部分是意符“止”，“止”象人脚之形，在甲骨文裏多表示運動中的人或人行走的動作，“止”用在“賓”字初文裏方向對着表示人在居所意義的複合意符，意思是有人來到主人居所。所以，張玉金認爲，“賓”字初文是从宾从卩（或从女）从止，宾亦聲。整個字的構形意義是主人（用“卩”或“女”表示）在他所居住的房屋裏（用“宾”表示）迎接來臨的客人（用“止”表示）。本義是迎接、迎導，引申指賓客，後世分化出表示這個引申義的“儐”字。因爲賓客來臨要以禮相待，贈以禮物，故又引申爲贈送禮物，又引申指所贈送的禮物。卜辭中多用爲迎導神靈之義。因銘文又用作饋贈或所贈物品等義，故金文增“貝”爲意符，就成了形聲兼會意。後世根據字形隸定作“賓”，漢字簡化後作“宾”。

楚簡帛文作，沿襲古體。

016.瀕

瀕，甲骨文作，金文作（摹本），小篆作。

甲骨文从步在“水”的一側，會意字。金文从水从步从頁（xié），頁亦聲。第三字形省“頁”。“頁”與“首”爲一字，這裏代表人。人走在水邊，表示瀕臨或水邊，後世演變爲从水，頻聲。或以爲是“顰”字的初文。卜辭用法不明。銘文或用接近義，或讀如“頻”，或與“賓”音義亦通。

017.兵

兵，甲骨文作，金文作，《說文》籀文作，古文作，小篆作。

甲骨文从斤从廾。“斤”是斧鉞類工具或兵器，“廾”表示雙手執持或舉起的動作。“兵”字从斤从廾，即表示雙手所持者爲斧斤。金文或在“斤”下增横爲飾筆。《說文》古文从人从干从廾，“干”亦爲器械，从干與从斤表意相同。“兵”的本義是兵器，引申爲戰爭、軍隊、士兵之義。卜辭、銘文用本義。

楚簡帛文作，秦簡牘文作，皆沿襲古體。

018.秉

秉，甲骨文作，金文作，小篆作。

从又从禾會意，本義是禾把或握住，引申爲把持、執掌、秉持、堅持等義。作名詞用又孳乳爲“棅”，“棅”即“柄”，聲符同音代替。從語源學角度説，“把”“柄”音近義通。用作名詞，“把”就是“柄”，“把柄”即爲同義并列結構。用作動詞，“把”也是“秉”，如“把握”“秉持”，“把”“秉”同義。又，金文“兼”作

，字形表明，一手握住一禾爲秉，一手握住二禾爲兼，故今一身二職者稱作“兼任”。卜辭或用作地名。銘文或用執持、執掌義，或讀“棅”。

楚簡帛文作，“禾”下增短横作裝飾符號。秦簡牘文作，古隸典型。

019.並

並（竝），甲骨文作，金文作，小篆作。

甲骨文第一字形是基本字形，从二“大”而下加一横，表示二人并列於地，後世隸定作“竝”。或从二“大”并列。“大”爲人形，此處指人。金文沿襲第一字形，下或復增一横作裝飾符號。本義是并列，引申爲對等、比匹等義。又用作副詞、連詞。又通“傍”，“並”“傍”古音相近。卜辭或用作一併、共同義，或用作方國名。銘文或用共同義，或作氏族名、人名。提示：甲骨文又有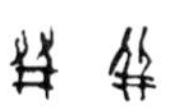字，金文作，以二短横貫串二“人”或二“又”，隸定作“幷”。本義是兼併、吞併，與“並”（竝）的意義不同，漢字簡化後“幷”“並”“竝”統一爲“并”。

楚簡帛文作，沿襲古體。

020.博

博（搏），甲骨文作，金文作，小篆

作　。

甲骨文从干，尃聲。卜辭或以“尃”爲“搏”，“尃”增“干”爲意符，則爲形聲兼會意。金文第一、二字形沿襲甲骨文。第三字形意符作“戈”，“干”“戈”皆爲武器，表意相同。第四字形从盾，从盾、从干、从戈表意相同。金文“盾”作　，後訛變作“十”字形，故第五字形从十字形。本爲古“搏”字，後世或假借爲博大之“博”，遂與“搏”分爲二字。卜辭、銘文或讀爲“搏”。提示：甲骨文“尃”作　，與“專”爲二事。又，“盾”形訛變爲“十”字形的還有“古”“戎”等字，如果不參照其他字形，單看从十，就必然茫然無解。又，《新甲骨文編（增訂本）》無“搏”字，説卜辭以“尃”爲“搏”，而於“博”下收　字。《新金文編》以从干、从戈者列於“搏”字條下，从十字形者列於“博”字條下。上述現象在古文字字書、詞書中普遍存在，雖各有理據，也多有難處，但終令讀者迷茫，更難得會通，盼望改進。參見076.盾字條。

021.卜

卜，甲骨文作　　，金文作　　，《説文》古文作　，小篆作　。

初文象龜甲燒灼後呈現出的裂紋，即所謂兆。本義是占卜。卜辭、銘文或用本義，或用作職官名。卜辭又或讀“外”。提示：“卜”增分化符號“口”則爲“占”，與“卜”義同。

楚簡帛文作　，增裝飾符號。秦簡牘文作　，古隸典型。

022.不

不，甲骨文作，金文作，小篆作。

或説甲骨文象植物之根，認爲是“柎”或“胚”的初文。文獻假借爲否定詞。卜辭多用作否定詞。銘文或用作否定副詞。或用作人名。或用作國名，即“邳”。又多通“丕”，大也。

楚簡帛文作，沿襲古體。秦簡牘文作，篆意猶存。

023.步

步，甲骨文作，金文作，小篆作。

初文从二“止”一前一後，會意字。金文前四字形爲一組，後二字形爲一組，每組按時代先後排列。比較每組字形的變化，可以明顯看出漢字進步的足迹。後一組字增“彳”爲意符，《新金文編》説，舊釋爲“徙”，不可信。“彳”是“行”字的左半，作爲意符，从彳之字多與行走、行爲和道路有關。“步”的本義是步行、行走，引申爲追隨、步伐、步驟等義。卜辭用本義。銘文或用作量詞，一步是指兩脚各進一步的距離。今人以兩脚間距離爲一步，古代則稱爲“跬”，半步。

楚簡帛文作，沿襲古體。秦簡牘文作，形近今體而古意猶存。

024.才

才，甲骨文作，金文作，小篆作。

或以爲象草木破土鑽出地面之形，或以爲是“弋”的分化字，本義難明。隸定作“才”。文獻以材質、才能、人才爲基本義。或用作“在”“財”“哉”“裁”。用作僅僅、剛剛義，後世多借“纔”代之。卜辭、銘文多用爲“在”。

楚簡帛文作，沿襲古體。秦簡牘文作，古隸典型。

025.采

采，甲骨文作，金文作，小篆作。

劉釗認爲，甲骨文第一字形从爪从果會意，表示用手摘取果實。第二字形“果”省形作“木”，金文沿用。後世或增提手旁爲意符，字作“採”。本義是采摘，引申爲開采。又借以表示色彩，後世作“彩”或“綵”。卜辭或表示時間段。銘文“采邑”，指古代諸侯給卿大夫的封地，字或作“埰”。

楚簡帛文作，沿襲古體。秦簡牘文作，古隸風格。

026.參

參，甲骨文作，金文作，《説文》古文作，

小篆作  。

金文从卩从星，皆表示參宿三星在人頭頂。郭沫若以爲是人參之“參”的初文。或增“彡”，劉釗説，“彡”是叠加聲符“三”。《詩經·唐風·綢繆》有“三星在天”句，“三星”即參宿。因有三星，故引申爲三分或并列爲三，或與“三”同用。又因三星羅列，故引申爲參與、配合、等同、混雜等義。銘文或用本義，或用同“三”，或用作人名。提示：甲骨文字形見於與北羌對貞的卜辭，或因羌作  所致。

楚簡帛文作 ，沿襲古體。秦簡牘文作 ，古隸典型。

027.册

册，甲骨文作 ，金文作 
，《説文》古文作 ，小篆作  。

初文象編簡之形，早期書籍樣式。獨體爲象形，複體从又或从廾，表示以手持之，但没有區别意義的作用。周制：王有所封賞，其命必記録在册，并以一定儀式發布，稱之爲册或册命。其所賜之物，稱之爲册賜。《尚書·多士》：“惟殷先人，有册有典。”裘錫圭推測説，商代典册的内容無疑會比甲骨文、金文更爲重要，文字篇幅也一定會更長，可惜竹木容易腐爛，未能保存下來。卜辭“典”“册”形義俱近，或通用。又或用作祭名、方國名、職官名。或讀“删”，用爲砍斫義。銘文多用作册書、册命、册封義。文獻除用常用義外，又或用爲書籍計量詞。又通“策”，有策問、計謀義。提示：戰國時簡册之“册”作“笧”，从竹从䉕。

“斨”从斤从片，“片”爲“木”的一半，从斤从片與从斤从木表意相同，故知“斨”即“析”的異體，則“笷”即“箖”的異體，“笷”“箖”二字又本是“策”字的異體，戰國時與“册”通用。裘錫圭説，借“策”表示“册”是形音兼借，即所謂假借兼形借。

楚簡帛文作，沿襲金文。參見068.典字條。

028.曾

曾，甲骨文作，金文作，小篆作。

朱芳圃以爲是“甑”的初文，其物相當於今之蒸鍋。本是象形，後加區别符號“口”。卜辭或用作氏族名、地名。銘文或用作方國名、地名。又或用作副詞，或通“增”。

楚簡帛文作，沿襲古體。

029.昌

昌，甲骨文作，金文作，《説文》籀文作，小篆作。

會意字。甲骨文从日从口，後世“口”多訛作“甘”或“曰”。裘錫圭説，最初可能表示日出以後人們彼此呼唤起身做事的叫聲，這種叫聲便是歌唱的一個源頭，所以認爲是“唱”的初文，後世文獻多作“倡”，有唱和、倡導、呼唤、宣導等義。但“昌”在文獻中多用美善、顯明、昌盛等義，故有人認爲本義是日光昌盛。卜辭或用作祭名。銘文用昌盛義，或用作方國名。

楚簡帛文作，沿襲金文第二字形。秦簡牘文作，沿襲金文第一字形。

030.嘗

嘗，金文作，小篆作。

从旨从尚，尚亦聲，“尚”或省形。“旨”，美味。文獻“尚”與“嘗”或通用，故“嘗”之从尚从旨，實即从嘗从旨會意，即品嘗美味。由品嘗美味，引申爲滋味、嘗試、經歷、曾經等義。文獻或通“常”。銘文用作祭名。古禮説“秋祭曰嘗”，當爲以秋收新穀祭祀。

楚簡帛文作，第二字形用於祭名，故增“示”作意符。秦簡牘文作，古隸典型。參見471.旨字條。

031.朝

朝，甲骨文作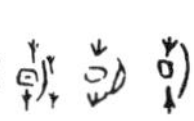，金文作，小篆作。

从日从月从茻，羅振玉説，甲骨文構形表示日出草叢而月猶未没，是朝夕之“朝”的初文。所附金文四形，左側沿襲甲骨文，右側从水形或从川形，後因訛變而聲化作“舟”，最後與“月”同形。或説此即潮汐之“潮”，而與“朝”通用。卜辭或讀“朝”，早晨。或用作地名。銘文或指早晨，或通“廟”。戰國文獻或讀爲朝廷之“朝”，因爲朝廷是君王早晨接受群臣朝見、理董政務之處。

楚簡帛文作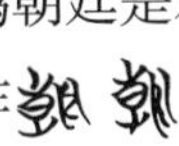，沿襲古體。秦簡牘文作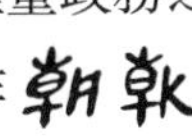，古隸

典型。

032.車

車，甲骨文作，金文作，《説文》籀文作，小篆作。

此象形之蔚爲大觀者，并有明顯簡化趨向，故特詳舉字例。“車”本爲車馬之車，引申之，車夫亦曰車。車有圓輪旋轉，故旋轉工具、旋轉行爲亦得謂之車。孟嘗君門客馮諼感嘆“長鋏歸來乎！食無魚……出無車……無以爲家”，“乎”“魚”“車”“家”四字通押，故今音又讀jū，南方讀音或作cā，韵母近古，上古音魚部字。卜辭、銘文或用本義。銘文又或用作人名、氏族名。

楚簡帛文作，古意猶存。秦簡牘文作，中竪或作斷筆。

033.徹

徹，甲骨文作，金文作，《説文》古文作，小篆作。

羅振玉説，甲骨文“徹”字从鬲从又。“又”或作“丑”，“丑”即“爪”，“又”“丑”“爪”一字之變。劉釗説，从丑可能有表音因素。金文或从攴，又或增“口”爲裝飾符號。“鬲”下或增从火，無區別意義。作爲構形部件，“丑”“爪”“又”“攴”表意相同。“鬲”是古代食器，“徹”以手持鬲會意，表示食畢而撤去食器。本義是撤出、撤除，引申爲撤銷、徹取、拆除、毀壞等義，又引申爲穿透、清澈、遵循、通曉、終了等義。文獻或通“轍”“澈”。卜辭或用作地名，或疑用作祭名。銘文或用撤銷、治理義。提示：因爲古“徹”字表示動作的字形逐漸隱晦，故後世用撤出之義者多用“撤”，改用提手旁，於義更顯。

楚簡帛文作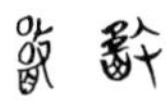，可隸定作“敼”，从吕从卤从攴，徐在國認爲“吕”“卤”都是聲符。秦簡牘文作，古隸典型。

034.臣

臣，甲骨文作，金文作，小篆作。

字象竪目之形，或以爲是“瞋”的初文，本義是睜大眼睛。《古文字譜系疏證》則以爲是“頣”(shěn）的初文，本義是舉目視人貌。郭沫若説，人俯首則目竪，“臣”象竪目之形，即以俯身之竪目代表俯身之人，故“宦”字从宀从臣，意爲室中奴僕。“臣”的本義是屈服者，指戰俘或奴僕，因爲古代多以戰俘用作奴僕，故能通稱。引申指民衆、官吏、臣子，又用作役使義，皆順理成章。卜辭或用作職官名，或用作臣僕義。銘文或用奴僕、臣僕、臣下義，或用作氏族名、人名、職官名。

楚簡帛文作，沿襲古體。秦簡牘文作，古意猶存。

035.辰

辰，甲骨文作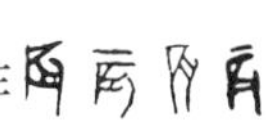，金文作，《説文》古文作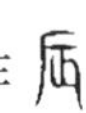，小篆作。

裘錫圭説是農具，與斤、钁相類，象形。卜辭、銘文多用作地支第五位，或表示時日。卜辭又或用作人名、地名。銘文又或用作氏族名、人名，又或讀“晨”。

楚簡帛文作，增“日”作意符。秦簡牘文作，古隸典型。參見243.農字條。

036.沉

沉（沈），甲骨文作，金文作，小篆作。

甲骨文从水从牛，“牛”偶或作“羊”。合體表示將牛羊沉入水中，應是古代祭祀水神的一種形式。第三字形从倒置之“牛”，表意尤顯。第五字形从玉，是沉玉之“沉”的專用字。金文从水，冘（yín）聲。古籍多作“沈”，今通作“沉”。本義是沉没、下沉，引申表示沉淪、隱藏、滅亡、停滯等義。文獻或通“湛”“淫”。卜辭或用作祭名。銘文用作方國名，文獻作“沈”。或用作“沖子”之“沖”，“沖子”猶言童子。

楚簡帛文作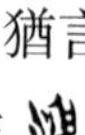，隸定作“湝”，增从臼，或讀“沖”。

037.陳

陳，金文作，《説文》古文作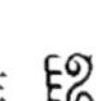，小篆作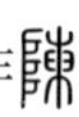。

李守奎認爲，“陳”字右旁應隸定爲“𤰇”，其上所从是“圃”的初文，下爲“虫”。圃下多蚯蚓，故認爲“𤰇”是“蚓”的表意字。“陳”字本以“𠁥”即“蚓”爲聲符，後訛變爲“東”。《説文》古文作“申”聲。本義是陳列，引申爲行列、陳述、顯示、施展等義。上古時代，氏是姓的支系，即同姓下分不同氏系。漢代以後，姓氏合一。銘文中的“陳”或用作氏族名、人名。

楚簡帛文作，後一字形借筆而省。秦簡牘文作，古隸典型。

038.稱

稱（爯），甲骨文作，金文作，小篆作。

會意字。甲骨文字形的上部从爪或从臼（jú），“爪”是手形，“臼”即雙手之形。“爪”或“臼”之下可能表示一個物件。金文基本字形从爪，早期或从又，戰國時或增从又。合體表示以手抓物、提起、稱量，隸定作“爯”。古時稱量多用於穀物，故增意符“禾”，“爯”轉爲聲符，字寫作“稱”，即分化出一個表示引申義的形聲字。實義轉虛，又引申爲稱揚、抬舉、舉用、舉行等義，又用爲權衡、述説、名稱、相稱、著名、聲譽等義。卜辭或用稱述、奉獻、飛舉義。銘文多用稱頌、舉起義。提示：甲骨文有字，金文沿襲作，皆象一人伸手提物之形，後世變獨體爲分體，字形作，隸定作“偁”，銘文或用同“稱”，舉也。“偁”“稱”皆是“爯”的同源分化字，或者稱爲孳乳字。又，後世又由“稱”分化出“秤”字，今音讀去聲者表示衡器或重量單位，讀陰平聲者表示用秤稱量。

楚簡帛文作，下部增从又，與戰國金文同，而形有訛變。秦簡牘文作，曲綫平寫，即爲今體。

039.成

成，甲骨文作，金文作，《説文》古文作，小篆作。

从戌从丁，丁亦聲，形聲兼會意。“戌”是斧鉞形兵器，“戌”下口形或竪點即“丁”字，或説“丁”即城邑。从戌从丁，會以武器守衛城邑之意，則“成”是“城”的初文。據初文字形分析或是如此，但文獻用成功、成就、完成等義。卜辭或用作殷先王大乙成湯的專稱，或表示用牲法。銘文或用成功、成就義。或通“盛”（chéng），以器裝物。

楚簡帛文作，沿襲古體。秦簡牘文作，古隸典型。參見041.城字條。

040.承

承，甲骨文作，金文作，小篆作。

从卩从廾。“卩”爲屈身人形，“廾”爲雙手托起之象。“承”字从卩从廾，表示雙手捧人，會奉承之意。古無輕唇音，“奉”即今之“捧”。“捧”有敬義，故捧、奉、奉承、蒙受、承受、擔負，義皆相因。卜辭用法不明。銘文或用接受義，或用作人名。又或用同“丞”，職官名。

楚簡帛文作，是知爲便書寫必斷筆，斷筆則必解散篆體，故啓功説文字爲體，書寫爲用。而體、用之間必相挾而變，故

“體”大致皆因“用”而生。

041.城

城，甲骨文作，金文作（摹本），《説文》籀文作，小篆作。

甲骨文爲周原刻辭字形，與早期金文同，从𩫖，成聲。“𩫖”即城郭之“郭”，季旭昇以爲古文字“郭”“墉”同字，“𩫖”也是“墉”的本字。金文第三字形以下易意符爲“土”，其中第五字形的意符與“成”的聲符“丁”互有借筆而省。第六字形則完全省去“成”的聲符“丁”，成爲从戊从土。“城”的本義是都邑的牆垣，引申指牆垣内的區域，即城邑、城市。或説城爲内城，郭爲外城。文獻或指城市，或指諸侯邦國、大夫采邑。卜辭或用本義。銘文或用引申義，或用作地名，或通“誠”。

楚簡帛文作，沿襲古體。秦簡牘文作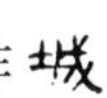，古隸典型。參見039.成字條。

042.乘

乘，甲骨文作，金文作（摹本），《説文》古文作，小篆作。

王國維説，甲骨文从人（作“大”字形）在木上，義爲登樹、登上。或説所从形近“木”而非“木”，其形表示人登樹而壓彎樹枝之象，録之備考。第三字形“大”下增从二“止”，金文“大”下多从二“止”，於意尤顯。西周晚期至戰國時期，意符“木”或作“几”，表示人登几而上，“几”是憑依的器具，當是重構意義。今語乘舟、乘車、乘馬之乘，即其本義。引申之，則有穿着、憑借、欺淩、超越、踐踏等義。讀shèng音者又指車馬，蓋古者一車四馬爲一乘。卜辭或用作人名。銘文或用乘坐義，或指一車四馬，或用作人名。又，銘文“乘馬”是指駕車之馬或職官名，“馬乘”是説馬四匹。

楚簡帛文作，第一字形从几，二、三字形从車作意符。秦簡牘文作，古意猶存。

043.齒

齒，甲骨文作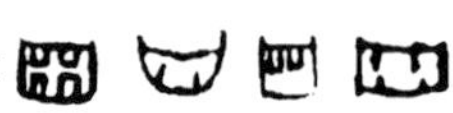，金文作（摹本），《説文》古文作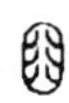，小篆作。

字形演變顯示，甲骨文字形有簡有繁，最簡者僅存大意。金文第一字形是商代字形，象形。第二、三字形是戰國晚期字形，增“之”或“止”作聲符，後世統一以“止”作聲符。小篆繼承第三字形，後世沿用，隸定作“齒”。形聲爲求與語言密合，訛變則多緣於書寫求便，轉而又借用字形相近的字作聲符，這種構形的變化顯示了聲化的自覺。齒、牙渾言無别，析言之，則齒指門齒，牙指臼齒。文獻或用其引申義，如年齡、類别、并列、口頭提及等義。卜辭多用本義，或用作地名。銘文或用作氏族名、地名。

楚簡帛文作，沿襲金文第二字形。秦簡牘文作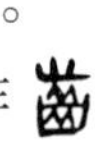，古隸典型。

044.赤

赤，甲骨文作，金文作，《説文》古文作，小篆作。

以具象之形表示抽象之義是造字常法。“赤”字从大从火，从大含有盛大之義，則“赤”以大火會意，即以火光赤紅表示顔色赤紅。小兒初生赤色，故稱赤子。文獻或通“斥”“尺”。卜辭、銘文多用紅色義。提示：从甲骨文、金文字形可以清晰看出“赤”字字形的演變歷程，留意并研究本書提供的字形資料，可以掌握古今字形演變的基本規律。所以，學習古漢字應該是學習古漢字書法的必由之路。

楚簡帛文作，沿襲古體。秦簡牘文作，古隸典型。筆畫略加調整，即成今體。

045.丑

丑，甲骨文作，金文作，小篆作。

初文象手形而突出指甲，隸定作“叉”（zhǎo），實爲古“爪”字。作爲漢字構形部件多寫作“爫”。金文後期寫作“丑”形，故後世隸定作“丑”。卜辭、銘文用作地支名。文獻或與“醜”“儔”同用。鳧鳥屬於雁鴨科禽類，《爾雅·釋鳥》“鳧雁醜”，“雁醜”者，猶言雁屬。解者不知“丑”與“仇”“儔”“讎”“疇”“醜”“逑”諸字音近多通用作儔類義，而誤解爲凫乃雁之醜陋者。拘於形則義隔難通，乾嘉學者對此多有發明，學人若留意及此，於識讀古文字、閲讀古文獻不僅大有裨益，更能廣開通途。

楚簡帛文作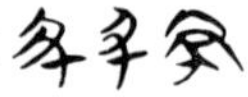，沿襲古體。秦簡牘文作，古隸典型。

046.出

出，甲骨文作，金文作，小篆作。

自内而外曰“出”，故字从止在凵（古同“坎”）上，表示人的脚由坑坎向外邁出，金文第一字形表意明顯。“凵”或作“口”形，表意相同。由外出、出發義引申爲出現、出生、發生、取出、清除等義。卜辭多用本義，或用作人名。銘文多用本義。提示：與“出”義相反，“各”字所从之“止”倒置，則表示由外向内，即抵達，表示這個意義的“各”字後世作“格”。

楚簡帛文作，易與“止”混。秦簡牘文作，古隸典型。參見107.各字條。

047.初

初，甲骨文作，金文作，小篆作。

《説文》：“初，始也。从刀从衣。裁衣之始也。”學者或有質疑，但也難得確解。金文或从刃。裘錫圭説，“初”的本義是剪裁衣服的開始，故有開始義。而“卒”可能表示剪裁衣服的結束，故有終結義，“卒”“衣”爲一字分化。吴其昌説，初民無衣，大抵皆獸皮以刀割裁而成，衣之新出於刀，故引申爲初始之義。文獻多用初始、次序第一、當初、本來、本原等義。卜辭用法不明。銘文或用初始義，或用作人名。銘文“初吉”是月相記時日的用語。

楚簡帛文作，第一字形从衣而作“卒”字形，由此可知“衣”“卒”古或通用。秦簡牘文作，古隸典型。參見414.衣字條。

048.芻

芻，甲骨文作，金文作，小篆作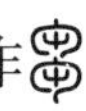。

羅振玉說，甲骨文从又持斷草會意。本義是割草，引申指割草的人或牲口的草料，也指草食牲畜。用作動詞則表示用草料喂養牲口。卜辭或用本義，或指牲畜。銘文或指牲口的草料，或用作地名。

楚簡帛文作，訛變較大。秦簡牘文作，古隸典型。

049.楚

楚，甲骨文作，金文作，小篆作。

甲骨文是西周字形，《新甲骨文編（增訂本）》隸定爲从林从正。金文常見字形从林而以“疋”（shū）爲聲符，蓋“足”與“疋”同形。本義或爲木名，荊屬，是一種落葉灌木或小喬木，枝幹堅硬，可做杖。卜辭或用作地名。銘文和後世文獻多用作方國名，故戰國金文或从邑。古代或用楚木作刑杖，故引申爲拷打、疼痛、痛苦等義。考察“楚”的詞義變化，可知任何詞義的形成其中必有緣由，深入研究自可得之。又，金文“楚”的字形難以布白，而所附五體結構各異，可知古人造字的構形意識和書寫水平。

楚簡帛文作，秦簡牘文作，皆从疋聲，“疋”由“足”字分化。參見494.足字條。

050.處

處，金文作，小篆作，或體作。

从人从几，以人伏几或倚几會意，表示蹲踞、居處、止息之義，并以“虎”的省形“虍”作聲符。人形中的“止”後來訛變作“女”形。小篆第一字形从尸从几，隸定作“凥”，本當是戰國金文字，後世作“踞”，又通作“居”，由蹲踞義又引申爲居處之義。“踞”“居”并从古聲，“處”从虎聲，“古”“虎”音近。小篆第二字形从夂从几，隸定作“処”。“尸”“夂”均爲“人”字的變形。從字形演變歷史看，“凥”“処”當是“處”省聲符後而形稍訛變的字形。提示：今簡體字“处”之所从“卜”形，當爲古“処”字所从之“几”形之變，而此變緣於書寫。啓功有言：“字是寫出來的。”看似廢話，却宣示了一個顛仆不破的真理。“處”字的種種形變（包括下文楚、秦文字的形變），“得”字的種種形變（見062.得字條），多半都緣自書寫。將此理論用於文字形體演變研究，可得“思過半”之功。本書於此多有揭示，讀者幸留意及之。“處”的本義是蹲踞、居處、止息，引申則有安頓、委任、處置、決斷、懲罰等義，今音皆讀上聲。今音讀去聲者則表示所在處所、所在時刻、所在境況等。銘文多用居處義。

楚簡帛文作，省聲符“虍”，隸定作“尻”。秦簡牘文作，聲符“虍”下“册”字形實是“処”的形變，故後世有異體“處”字。

051.川

川，甲骨文作，金文作，小篆作。

甲骨文象兩岸中間夾有流水，本義是水道、河流，或指山間和高原間的平地。卜辭或表示河神，或疑讀爲“順”。銘文或用本義。或用同“甽”，即“畎”，本指田間小溝，用爲田畝單位。銘文上述用法説明“甽”“川”音近義通。

楚簡帛文作，沿襲古體。

052.牀

牀，甲骨文作，金文作，小篆作。

甲骨文象竪立的牀形，隸定作“爿”，“牀”的初文，古代坐（指跪坐）卧的器具。金文增“木”爲意符，後世從俗書作“床”。卜辭或用作祭名，或讀如“牆”，地名。銘文用法不明。提示：字書又有“爿”（pán）字，其形是“木”的一半，即把“木”字從中間分開，左半爲“爿”，右半爲“片”。這個“爿”的字義是劈成片狀的木材，與讀“牀”的“爿”是同形字。

楚簡帛文作，秦簡牘文作，皆沿襲古體。參見150.疾字條、264.寢字條、500.坐字條。

053.創

創，金文作，傳抄古文字或作戧，小篆作，或體作。

劉釗説，“創”“荊”爲一字之分化，第一字形即象刀伐草木之形，刀上二“×”表示荊棘，隸定作“刅”。後期金文二短竪省爲一短竪，與“刃”相混。又或增“立”爲意符。傳抄古文第一字形从井从刀。《説文》：“刱，造法刱業也。从井刅聲，讀若創。”訛變作“刱”，傳世古書多讀“創”爲“刱”。傳抄古文第二字形从金从刃。第三字形从倉聲，意符替换爲“戈”。小篆正體沿襲古體。或體从刀，倉聲，爲今體所本。由“刅”衍生之字有創傷和開創兩個意義系列：“創”一般表創傷，“刱”表開創。“創”由創傷義引申之，則有傷害、砍伐等義。又讀“瘡”，義爲傷口，名詞，即創傷之處。以上今音皆讀陰平聲。由開創義又引申爲始造、建造、創作等義，今音皆讀去聲。銘文或用本義，或用作人名，或讀“荊”，方國名。

054.春

春，甲骨文作，金文作，小篆作。

甲骨文基本字形由意符和聲符組成。意符或作“艸”，或作“木”，或作“林”，或作“茻”，或作“日”，或作“生”，或各有增減。聲符作“屯”，“屯”象草木初生之形，故在“春”字構形中兼有表意作用。末一字左右爲“屮”（chè），即古“艸”字，中間爲“屯”字變體，並兼有類化爲“屮”的傾向。視此，則“春”字當以春日高照、草木叢生、種子萌發會意。金文減少字形，从日，屯聲，隸定作“萅”。或增“艸”爲意符。或易“日”爲“月”，就時令而言，从日猶从月。本義是春天、春季。卜辭多表示春季，或用作地名。銘文表示春季。提示：卜辭時代一年僅春秋二季，故卜辭中的春季所指時限與後世不同。

楚簡帛文作，沿襲古體，多增飾筆。秦簡牘文作，古隸典型。參見344.屯字條。

055.從

從（从），甲骨文作，金文作，小篆“从”作，“從”作。

甲骨文第一字形爲常見字形，从二“人”，或增“彳”（chì）或“止”作意符，會二人相隨之意。金文或增“辵”（chuò）爲意符。“止”“彳”“辵”皆表示行走的行爲，表意相同。《新甲骨文編（增訂本）》以“从”與“從”分列兩個字頭。本義是相隨。詞義虛化後，有隨從、率領、順從、追逐、從事、從屬等義。又用作副詞、介詞，皆爲本義引申。卜辭或用作介詞。銘文多用隨行、聽從、遵循等義。或通“縱”，放縱、從寬、放鬆之義。或用作介詞，自從。又或用作人名。提示：值得注意的是“从”與“從”字中二人之形的方向，甲骨文、金文都以左向偏多，而到小篆時代就固定爲左向了。又，若从二“人”而背向，則會相背之意，於字則爲“北”，故訓曰：“北，背也。”

楚簡帛文作，或繁或簡，各有所承。秦簡牘文作，古隸典型。細察三體，演變軌迹及其規律清晰可見。參見010.北字條。

056.達

達，金文作，小篆作，或體作。

从彳或从辵，羍（dá）聲。本義是到達，引申爲暢通、顯達、豁達、通曉、傳達等義。銘文或用作“撻”。

楚簡帛文作，衆體紛出，訛變日滋。秦簡牘文作，依循古形，古隸典型。

057.大

大，甲骨文作，金文作，小篆作。

初文象正面而立的人形，金文尤顯。王筠説本爲天地之“大”，而無由象之，故借人形以明。裘錫圭説，“大”的字形象一個成年大人。就造字法或表意法而言，它是以一種具有“大”這個特征的事物，表示抽象之“大”，引申爲高尚、尊崇等義。但若作爲構形部件，“大”一般仍表示站立的人或大人，作形容詞之“大”者少見。文獻通“太”最爲常見。卜辭、銘文或用作小大之“大”。卜辭又或用作地名。銘文或用作人名，或用同“太”。提示：本字條選擇甲骨文、金文多種字形，粗看大同小異，細看就可以看出筆順，對臨摹書寫大有益處。再仔細比較，還可以幫助我們認識甲骨文與金文的異同以及兩者的關係。

楚簡帛文作，後者爲楚文字風格。秦簡牘文作，由此可以推尋演變軌迹。有趣的是，“大”字從古老的形，中間經過，又回到了形，衹是最後變成横、撇、捺三畫罷了。

058.丹

丹，甲骨文作，金文作，《説文》古文作形，小篆作。

初文象采丹之井，中有丹砂。或説象桶中裝有丹砂之形，構形意義難以確定。本義是丹砂，即硃砂，引申指朱紅色。卜辭、銘文或用爲人名、地名。

楚簡帛文作，略有變形。秦簡牘文作，古隸典型。

059.單

單，甲骨文作，金文作，小篆作。

象形字。裘錫圭説，“單”爲擊獸之器，其繁文作“嘼”，“獸”字从之。本義是盾形器械，可用於征戰或狩獵。卜辭或用作地名。銘文用作方國名或人名。文獻多用單獨、孤單、單薄、簡單等義。提示：甲骨文“干”作，金文作，古代盾牌的象形，但有繁簡兩種基本字形，後世沿用簡體。“單”字亦有繁簡，後世沿用繁體，但無論簡繁，其字形頂端皆保留一對圓形物。從應用看，“干”字與早期簡體的“單”二者形義俱近，因而多有糾葛。比較合理的分析是，二字在運用中逐漸分工定形，令其各司其職。“干”作爲名詞或用本義，作動詞多用作觸犯、干預、求取等義，今音讀陰平；作捍衛義，今音讀去聲。

楚簡帛文作，已見訛變。秦簡牘文作，古隸典型。今書家寫“口”或作三角形，觀此二字，可知有源。參見311.獸字條。

060.旦

旦，甲骨文作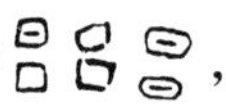，金文作，小篆作。

甲骨文第一字形是基本字形，从日，丁聲。偶作第二、三字形。舊説以日初出於大地會意，這可能是後世重構的理念，或因金文“日”下的塊面狀筆畫變成一横而引發。本義是天明、早晨，引申之指一天或農曆每月初一。卜辭多用本義，或讀爲“壇”。銘文多用本義。

楚簡帛文作，篆勢猶存。秦簡牘文作，古隸典型。

061.道

道，金文作，《説文》古文作，小篆作。

一般認爲初形从行，首聲。或增“止”意符，或从彳从止。“止”或作“又”，“又”或作“寸”，皆表示行爲動作，隸定則作“導”，由此知“道”亦即“導”，本一字分化。本義是大道、走道或引導。“道”的詞義虚化後，引申爲道德、主張、方法、技藝、事理、規律、講述、體驗、施行等義。“導”的詞義虛化後，則又有引誘、導致、發源、開導、勸勉、疏通、傳導等義。銘文或用道路、引導、守道等義。提示：作爲構形部件的“又”增飾筆作“寸”，這在古文字體系中多見，但如仔細研究又發現，有時“又”演變爲“寸”未必是增飾筆，如甲骨文“守”作 ，从宀，肘聲。早期金文作 ，稍後則作 ，也應是从宀，肘聲。就是説，今文字“守”中的“寸”實際是古“肘”字。從意義方面説，“又”與“寸”“肘”的關係也很密切，“寸”本爲手下一寸之處，即“又”下一寸之處，“又”加指事符號即是“寸”，同時也是“肘”。既如此，那未嘗不可以把  理解爲从宀从肘，肘亦聲，即把“又”與“寸”或“肘”都看成是表意相同的構形成分。而且“寸”“守”音義亦通，郭店楚簡“敬慎以寸之”，“寸”讀“守”，正是佐證。又，“肘”的初文即作“九”字形，它可以理解爲“又”字末筆形變後的象肘臂之形，“寸”字形則可以理解爲在上述字形基礎上增指事符號後的變體。

楚簡帛文作 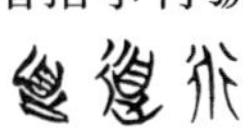，或从人。案：从行从人則爲會意字。據此反觀金文初形，則似不僅以“首”爲聲符，或亦兼作意符，與“道”的構形方法相同。蓋从首猶从人，以局部代整體。今云“牛一頭”，“頭”即“首”，音義同而用爲量詞，可以意會。秦簡牘文作 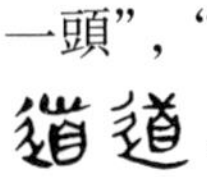，古隸典型。參見308.首字條。

062.得

得，甲骨文作 ，金文作 ，《説文》古文作 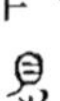，小篆作 。

甲骨文第一字形與金文第一字形商代字形相同，从又从貝會意。“又”或作“爪”，表意相同。古者以貝爲幣，以手持貝，表示得到。裘錫圭説，“得”的字形表明當時人們對貝的重視。又説或增“彳”爲意符，則可能是表示爲了得到貝，必須外出進行交易。金文或从寸，从寸與从又表意相同，流行於春秋戰國之際。或增意符“辵”，表意與“彳”相同。意符“貝”或訛作“目”，隸書又析爲“旦”字形，故隸定有“𣅀”“㝵”“得”等形。所从之“貝”訛作“見”則作“𡬶”，變上下結構爲左右結構則作“𧴪”，寫成包孕結構則作“𧢲”，“見”上“目”字横寫則作“𢔶”。“𡬶”增从彳則作“𢔩”。“得”字“彳”旁草寫隸定則作“淂”。本是从貝从又的“𣅀”字，後世演變爲以上多體，皆事出有因，由此可知異體的形成各有緣由。但異體氾濫終礙文字之用，所以歷代政府都要組織學者研究制定文字規範方案，以保證語言文字向純潔、健康的方向發展。“得”在卜辭、銘文中或用獲得、得到義。銘文又用選取義，又用作人名、氏族名。提示：以手持貝謂之得，此造字寓意。但作爲詞，其本義或常用義當是“得到”，非以“得貝”爲限。文獻或通“德”。桂馥説，“升”“登”“陟”“得”“德”五字義同，音近通用。欲洞明此理，尚待古音之學。又，據上文可知“㝵”本爲“得”的異體，後世以“得”去“彳”表示有障礙而不能得到爲造字理念，把“㝵”字當成障礙、妨礙之“礙”使用，又或增加與“礙”相同的意符寫作“碍”，故字書解釋“㝵”字説或“同‘碍’‘礙’”。新的構形寓意形成新的異體字，這也是漢字異體衆多的一個原因，但“㝵”用同“礙”是一種特例，裘錫圭稱其爲變體，一般僅流行一時。

楚簡帛文作 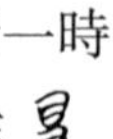 ，前者“貝”訛作“目”，後者略變。秦簡牘文作 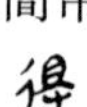，古隸典型。

063.德

德，金文作，小篆作。

从彳或从辵，直聲，形聲兼會意。據字形分析，“德”的本義當與道路、行走或行爲相關，而从直聲，則所謂“德”者，似爲沿直道而行之義。或省“彳”“辵”作“悳”，以“直心”會意，直亦聲。或增“言”爲意符。凡此似皆顯示，所謂“德”即謂内心、言論、行動遵循正直之道，其基本義應涵蓋思想、言論、行爲的範疇。《尚書·蔡仲之命》“皇天無親，惟德是輔”，學者解爲“惟有道者則佑之”，是則“有道”即謂之德，亦即沿直道而行之義，似與古文字構形暗合。文獻或通“得”。銘文或用道德、德行、德政等義。提示：甲骨文有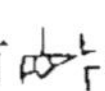字，卜辭或讀爲“陟”，其意爲登。古文獻“升”“登”“陟”“得”“德”音近或通，當即“德”字，與金文第一字形正合，故《古文字譜系疏證》以爲與“徝”“悳”本是一字，《新甲骨文編（增訂本）》列入“徝”字條下。

楚簡帛文作，皆有訛變。參見062.得字條。

064.登

登，甲骨文作，金文作，《説文》籀文作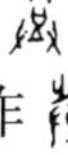，小篆作。

今考甲骨文基本字形，“登”字从豆从廾，當是表示捧豆進獻。或增“址”（即“癶”）以表登義。“豆”上或增意符“米”，其義尤顯。“豆”或作“皿”，“豆”“皿”皆食器，表意相同。或增意符“示”，“示”即神主。字形或作一人雙手捧器進獻之狀，更加形象。古籍“以蒸以嘗”，“蒸”或作“烝”，卜辭和銘文作“登”，正用本義。音韵學有“古無舌上音”説，古讀“蒸”如“登”，皆登獻之義。引申之，“登”有升遷、提拔、成熟、增加、完成等義。卜辭或用作氏族名。卜辭、銘文或用如“蒸”“烝”，進獻之義。銘文或用乘、升等義，亦用升遷義。又或用作方國名，文獻作“鄧”。又或用作人名。文獻或通“得”。提示：甲骨文有字，从廾从鬯，裘錫圭説，當是表示“登鬯”的專用字，“鬯”即鬯酒，一種用黑黍釀成的酒。“登鬯”就是以鬯酒進獻給祖先神靈。

楚簡帛文作，各有所承。秦簡牘文作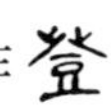，古隸典型。

065.地

地，金文作，《説文》籀文作，小篆作。

第一字形从阜，彖（chǐ）聲。《説文》：“彖，豕也，从彑从豕。讀若弛。”又解釋説“彑”爲豕之頭。第二、三字形增“土”爲意符。後世易聲符爲“它”，棄繁取簡也，又訛變爲“也”。“它”“也”作爲古文字構形部件，形音俱近而多混淆。銘文或用本義，或用作人名，或讀“施”“弛”。

楚簡帛文作，或从土，它聲。或从阜从土，它聲。秦簡牘文作，古隸典型。

066.帝

帝，甲骨文作，金文作,《說文》古文作，小篆作。

構形衆説紛紜，本義待考。卜辭或指天神，或用來稱呼直系先王。用爲動詞，爲祭天之名，後增形符“示”作“禘”。銘文用以稱天帝，也用作對亡父的尊稱。

楚簡帛文作，或稱草篆，增飾筆。秦簡牘文作，已近今體。

067.顛

顛，甲骨文作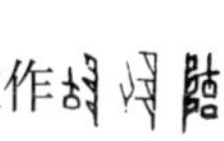，金文作，小篆作。

甲骨文第一字形从阜从倒置之“子”，第二字形从阜从倒置之“人”，“阜”是高坡，以上二形都是會意字，表示一人從高坡顛落。第三字形追加聲符“丁”。本義當是顛落、顛隕，引申爲顛倒、倒置、顛簸等義，又引申爲本源等義。又假借作“頂”，指頭頂或泛指物體頂部。甲骨文“顛”有增加“丁”聲的寫法，小篆“頂”从丁聲，故知“顛”“頂”二字可以通假。如果不明甲骨文字形，就很難確定本義。如果不明多種古文字字形，更難貫通形義。卜辭用顛隕義。銘文通“鼎”。提示：有學者認爲甲骨文字形或隸定爲“队”，讀“隊”（墜）。

068.典

典，金文作，《説文》古文作，小篆作。

卜辭“典”“册”形義俱近，可以通用，故《新甲骨文編（增訂本）》收入“册”字下，可從。今從詞的角度考慮而單獨列出，甲骨文字形見“册”字條。金文字形或增“廾”，或增二短横，其初或無實義，後類化爲表承物的“丌”，即基座之“基”的初文。“典”的本義是典籍，引申爲法則、制度、故事、禮儀、主持、典雅、抵押等義。銘文或用與“册”同，如表示記載、登録、册賜或契約等義，或表法典、法度義。

楚簡帛文作，承金文或體而有訛變。秦簡牘文作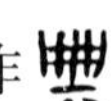，古隸典型。參見027.册字條。

069.奠

奠，甲骨文作，金文作，小篆作。

甲骨文基本字形从酉在一横之上。“酉”爲酒器，一横表承物之器，後類化爲“丌”。本義是置酒而祭，引申爲對人的安置。卜辭或用上述二義。銘文或用本義，或用奠定義，或用作人名。或用作方國名、地名，文獻作“鄭”。由本義引申，又有進獻、安放、勘定、奠定、確定、評定等義。

楚簡帛文作，書寫狀態清晰可見。

070.弔

弔，甲骨文作，金文作，小篆作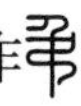。

甲骨文从人，其餘部分或説象矰繳之形，矰繳即帶絲繩之矢，獵鳥工具。金文多數沿襲甲骨文。本義待考。隸定有“弔”“吊”兩種字形，前者更接近本形，後者分體，更便書寫。卜辭用法不明。銘文或借爲伯叔之“叔”。或讀“淑”，有美善之義。文獻多讀爲伯叔之“叔”，解作美善之義則“叔”“淑”通用，古語“淑人君子”和“窈窕淑女”即其用例。

楚簡帛文作，沿襲古體，後者加飾筆。

071.鼎

鼎，甲骨文作，金文作（摹本），小篆作。

早期文字皆爲象形。本爲古代食器，後多用作禮器，其形制日趨奢華，使用制度更加嚴格。卜辭“鼎”多假借作貞卜之“貞”，故金文或增“卜”形。作爲構字成分，“貞”“貝”多訛混。“鼎”爲國之重器，代表權力、地位和財富，所謂“鐘鳴鼎食”之家必是豪門望族，故引申有顯赫、盛大義。又用爲副詞，義爲“當”。卜辭或用本義，或用作副詞。或讀“貞”，卜問之義。銘文或用本義，或用作副詞，或用作人名。

楚簡帛文作，沿襲古體。

072.定

定，甲骨文作，金文作，小篆作。

从宀，正聲，而“正”字从止，丁聲，則“定”从正得聲即猶从丁得聲，故《詩經·小雅·伐木》“伐木丁丁”，“丁丁”舊讀zhēngzhēng。“定”的本義是安定，引申爲使之安定、停止、寧静、固定、規定、確定等義。卜辭用作地名。銘文或用安定、確定、穩定等義，或用作人名。

楚簡帛文作，沿襲古體。秦簡牘文作，古隸典型。

073.斗

斗，甲骨文作，金文作，小篆作。

象形，挹水酒之勺，有柄。《説文》：“斗，十升也。”亦用於稱似斗之物，如烟斗、星斗、墨斗、拖斗。卜辭或指北斗星，形似也。銘文或用作容量單位。提示：“斗”字本是象形，漢時或不解其形，誤解勺形上端爲人形，故有“人持十爲斗”之説。又，後世説“斗室”，言其小。説“斗膽”言其大。尋求語義，貴在細微之辨。又，甲骨文“升”作，金文作，字形是在中加一斜點，可能表示斗中有物，或是用以區别。後用“斗”“升”作容量單位，并以十升爲一斗作定制。又，甲骨文“鬥”作，金文作，小篆作。初文象二人相搏，本義是搏鬥，與斗升、星斗之“斗”本非一字，漢字簡化後“鬥”與

“斗”合一，簡繁轉换時需注意區别。

楚簡帛文作，加“主”聲。秦簡牘文作，古隸典型。

074.豆

豆，甲骨文作，金文作，《説文》古文作，小篆作。

象形，古代食器或禮器，大多有蓋，高足。孳乳字有“梪”，字形表示是木質。文獻所謂“俎豆”即指祭祀、宴饗時所用二物。“豆”或用爲量詞，《左傳·昭公四年》説齊國以四升爲豆。卜辭或用作地名，即文獻之“郖”“浢”。銘文用本義，或用作氏族名、人名、地名。後世多借用爲大豆之“豆”。

楚簡帛文作，字形或有訛變。秦簡牘文作，古隸風格。

075.對

對，甲骨文作，金文作，小篆作，或體作。

从又从丵，“丵”亦聲，或説“丵”即古“對”字。或説从又从土从丵。構形意義不明。文獻多用爲應對、稱説、面對之義，引申爲配對、對手、核對、拼合、適合、正確等義。又用爲介詞、量詞。卜辭疑用作祭名，讀“禭”，《玉篇·示部》：“禭，祭名。”銘文或用作人名。又多以“對揚”連用，義爲答謝而稱頌之。“對揚”或省作“對”，或省作“揚”。

楚簡帛文作，與小篆字形接近。

076.盾

盾，甲骨文作，金文作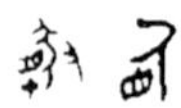，小篆作。

古代盾牌的實物爲方形，中有把手。甲骨文和早期金文都是盾牌的象形，後世逐漸演變爲“十”字形。西周中期以後在“十”字形盾牌上增聲符“豚”，增意符“又”，如金文第六字形。金文第七字形可以理解爲从人，盾聲，但盾形又有訛變。人形、盾形後世繼續訛變，見下楚簡帛文和秦簡牘文，可見知形變之難。卜辭或用本義，或用作地名、人名。銘文用本義。

楚簡帛文作，已有形訛。秦簡牘文作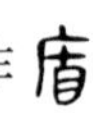，又有訛變。

077.多

多，甲骨文作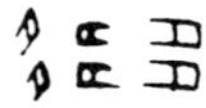，金文作，小篆作，或體作。

以兩塊肉叠加會意，表示衆多，本義是衆多。卜辭、銘文用本義。

楚簡帛文作，沿襲古體。秦簡牘文作，古意猶存，形近今體。

078.兒

兒，甲骨文作，金文作，小篆作。

从人而象小兒頭囟未合之形，本義是嬰兒。卜辭或用作人名。或用作方國名，後世作“倪”。銘文多用在人名之後作詞綴，有未成年之義。又或用作氏族名、人名。

楚簡帛文作，沿襲古體。秦簡牘文作，古意猶存。

079.耳

耳，甲骨文作，金文作，小篆作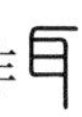。

象形，本義是耳朵。卜辭或用本義，或用作氏族名。銘文或用作人名。

楚簡帛文作，沿襲古體。秦簡牘文作，古隸典型。

080.發

發，甲骨文作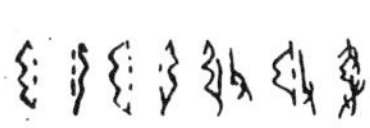，金文作，小篆作。

甲骨文从弓，弓弦呈虛綫，表示振動的狀態。或增意符“攴”表示發射動作，最後一形上下各增一手（“又”）。金文沿襲甲骨文字形，第四字形从癹聲，“癹”即“撥”的初文，字形从𣥠，“𣥠”後世作“癶”(bō)。“發”的本義是發射、射出，引申爲發出、出發、開始、啓動、發生、闡發、發布、興起、高揚、揭露、顯現、派遣、交付等義。文獻或通“撥”，音義并通。卜辭或用作人名。或讀“勿”，否定副詞，音近通用。銘文或用作人名。提示：裘錫圭説，商代人在假借“發”字初文表示否定代詞時，一般要將字形簡化，而用作人名時則用繁體，揭示這種語言現象對於認識早期語言文字應用中的一些規律性問題很有意義。又，在漢字發展過程中，把合體表意字合理地改造成一個形聲字的現象頗爲常見，如“何”本象人挑擔，後來改造爲从人，可聲。“昃”本从日从大（斜置的“大”字），用人體與太陽的位置關係表示日已偏西，後來改造爲从日矢（zè）聲的“昗”字，最後又换聲符爲“昃”（“矢”與“仄”同時也兼作意符）。同樣，“發”本是表意字，後來改造爲从弓，癹聲。又，“發”字从弓，與頭髮之“髮”義不相涉。金文“髮”从犬从首，秦文字从髟（biāo），犮（bá）聲。“髟”表示頭髮很長的樣子，作意符多用在與頭髮、須毛相關的字裏。

楚簡帛文作，已見訛變。秦簡牘文作，古隸典型。關於“攴”“殳”的解釋，參見005.敗字條。

081.伐

伐，甲骨文作，金文作，小篆作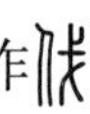。

甲骨文象以戈加於人頸，會砍頭之意。第四字形是簡體，第五字形是“伐羌”的專用字。金文第一字形有意符“又”表示動作。裘錫圭説，卜辭有伐人祭祀祖先的記載，“伐”即指砍下用作犧牲之人的頭，可見字形中的“人”是被砍的對象，後世引申爲征伐等義。文獻多用攻擊、征伐、除去、毁壞、功勞、誇耀等義。卜辭或用征伐義，或用作祭名，“伐祭”即殺人以祭。銘文或用征伐義。

楚簡帛文作，篆勢猶存。秦簡牘文作，古隸典型。

082.凡

凡，甲骨文作，金文作，小篆作。

郭沫若説，“凡”象側立的盥盤之形，是“盤”字的初文，但文獻多用總共、一切、平凡、凡俗等義。卜辭或用作方國名，或用作祭名。銘文或用總計、大凡、凡是等義。提示：在古文字體系中，無論是作爲整體的字或是作爲構形的部件，釋“凡”或釋“同”，多有爭議。最近幾年的研究成果認爲，甲骨文“同”字作，金文作，都是筒或桶的象形，其字形特徵是兩豎等長，并且筆勢對稱，即如果一側豎筆直，則另一側的豎筆也直；如果一側豎筆向外側彎曲，則另一側的豎筆也彎曲。而“凡”字兩側豎筆的筆勢則不相對稱，即左側豎畫直而短，象盤底圈足之形；右側豎畫較長，并且向外彎曲，象盥盤口沿的弧形。金文第三字形雖然兩側弧形對稱，但因爲一側有飾筆或區別符號，故不會混同。古文字字形的區別有時極其細微，需要仔細比較。

楚簡帛文作，沿襲古體，或增飾筆。秦簡牘文作，古隸典型。

083.方

方，甲骨文作，金文作，小篆作。

裘錫圭說，表示方圓的“方”字，原本是寫作方框形的“口”，由於“口”字容易與其他形狀相近的字形混同，所以很早就被假借字“方”取代。又引林潔明說認爲，甲骨文表示鋒芒之“芒”的是，是一個在“刀”的鋒刃處加圓圈的指事字，卜辭用作人名。字後來被假借爲有亡（無）的“亡”或逃亡的“亡”，指事符號則簡化成竪點，字形作，隸定作“亡”。後來又將指事符號改成短横表示方圓之“方”，“方”是“芒”的表意字“亡”的分化，兩字古音相近。“方”在卜辭中或指方位，或指邊境、邊遠小國。銘文多用作方圓之“方”，或指方位，或指邊境、邊遠小國。後世的引申義約分二系，一爲并排、比擬、齊當、品類等義，一爲方域、方向、方術、方略、法度、方正等義，皆各有所因。又用爲副詞、介詞、量詞，又通“房”“防”“謗”“旁”。提示：上文“發”字條下引裘錫圭說，商代人在假借“發”字初文表示否定代詞時，一般要將字形簡化，而用作人名時則用繁體，其情形與在卜辭中用作人名，而假借爲“亡”以後字形就簡化作的情況類似。這種對比研究對考察字形與應用具有方法論意義。

楚簡帛文作，篆勢漸減。秦簡牘文作，古隸典型。參見346.亡字條。

084.分

分，甲骨文作，金文作，小篆作。

“分”是“八”的分化字。“八”以二畫相背之形表示相背、分開之義。假借爲計數字後，增意符“刀”表示本義，會以刀剖分之意，“八”兼作聲符。本義是分割，引申爲分别、分配、分擔、分支等義。卜辭或用作人名。銘文或用分配、給予之義，或用作人名。

楚簡帛文作，沿襲古體。秦簡牘文作，古隸典型。

085.焚

焚，甲骨文作，金文作，小篆作。

甲骨文从林从火，“林”或作“木”，或作“草”，表意相同。“火”或作火把之形，下从廾，表示以雙手持火把，與从火表意相同。《説文》作“燓”，後世異體作“棼”，从分聲。又有異體“炃”“燌”“燔”（又讀fán）等字，都走上了形聲化道路，可見形聲化是方向。本義是焚燒。卜辭、銘文或用本義。提示：學者認爲，點火焚燒草木，不僅用於開荒種地，而且可以作爲一種田獵的手段獲取野獸，又能驅趕野獸，防止野獸毀壞莊稼、吃掉果實。從甲骨文“焚”字可以想見原始農牧生産的狀況，所以説，古文字也是古文化的化石。

楚簡帛文作，沿襲古體。秦簡牘文作，古隸典型。

086.奮

奮，金文作，小篆作。

第一字形从衣，“衣”内爲聲符字，聲符字从隹在“田”上，或是表示飛鳥由地面振翅高飛。从衣則未詳何義，或説用作聲符。

後世或加意符“攴”表示行爲動作而省“衣”。本義可能是高飛、疾飛，引申爲奮揚、振作、震動、憤激、舉起、施展等義。銘文或用舉起、奮揚義，或用作人名。

楚簡帛文作，秦簡牘文作，二者皆有形訛。

087.丰

丰，甲骨文作，金文作，小篆作。

或説象茭白之形，是“葑”（fèng）的初文。或説象植物根部植於土。隸定作“丰”，後分化出“封”“邦”，“丰”“封”“邦”本爲一字。文獻作“丰”者，多用丰茂、丰度等義。文獻或用爲“豐”，則有豐盛、豐厚、豐饒、昌盛、偉大等義。漢字簡化後“丰”“豐”統一作“丰”。卜辭“丰人”讀“封人”，西周時掌守帝王社壇及京畿的疆界，春秋時負責封疆之事。又或用作方國名。銘文或讀“封”，或用作人名。參見006.邦字條。

088.豐

豐，金文作，《説文》古文作，小篆作。

从壴，丰聲。“壴”爲“鼓”字的象形初文，其上中形爲鼓上的植羽。當作丰聲，爲求對稱而从二“丰”。本義是指擊鼓之聲蓬蓬然，與“彭”字構形異曲同工。因鼓聲宏大充盈，故引申有盛大、豐滿等義。銘文或用豐饒義，或用作地名、人名。

楚簡帛文作，多沿襲古體，或略有變化。

089.奉

奉，甲骨文作，金文作，小篆作。

甲骨文作一人雙手捧物之形，从意符“又”是爲了强化表意，劉釗認爲可能是“奉”的繁寫。金文从廾，丰聲。古無輕唇音，讀“奉”如今日口語之“捧”。依字形隸定作“奉”，因動詞意義不顯，故復加提手旁爲意符作“捧”，正所謂叠牀架屋，新字寖多。今“奉”“捧”體現爲文白二讀。本義是捧持，引申爲奉承、接受、扶持、給予、進獻、伺候、擁戴、追隨、信奉、供奉、供給、俸禄等義。俸禄義後世作“俸”。文獻或通“逢”。卜辭用作人名。銘文或用捧持進獻之義。或讀“封”，義爲分封疆界。

楚簡帛文作，沿襲古體。

090.夫

夫，甲骨文作，金文作，小篆作。

在象成年男子之形的“大”字上增一横畫，本義是成年男子，與“大”字本無區別，後分化爲二字。或以爲横畫表示簪，成年男子所用。文獻或指女子配偶，或用作指示代詞、語氣詞等。卜辭或用作地名、人名，或用如“大”。銘文或指成年男子，或借用作發語詞、量詞。

楚簡帛文作，已見解散篆體。秦簡牘文作，古隸典型。調整筆畫走向及筆順即成今體。參見057.大字條。

091.孚

孚，甲骨文作，金文作，《説文》古文作，小篆作。

初文从又从子會意，表示俘獲。“又”或作“爪”，表意相同。或增从彳，表示行爲。文獻多用誠信義。卜辭、銘文或讀如“俘”，俘獲或俘虜之義。提示：文字進入詞彙領域，其用至大至廣，今以“孚”爲例説明。“孚”後世孳乳爲“孵”，即所謂孵化，字或通作“孚”，故《説文》解“孚”爲卵孚，段玉裁注引《通俗文》説“卵化曰孚”。徐灝説“孚”“伏”“抱”一聲之轉，語出一源，則“孚”“孵”即口語之“菢”。典籍“孚”或作“抱”，“烰”或作“炮”，“桴”或作“枹”等，皆爲佐證。進而言之，鳥禽卵化曰“孚”或與破殼而出有關，如種子外皮曰“孚”，字或作“稃”，麥皮曰“麸”，草之萌芽破甲（“甲”亦即硬的皮殼，如指甲、鱗甲、鎧甲）曰“孚”，外城曰“郛”（即郛郭），破皮殼而出之幼竹曰“孚”（孚笋），形之於外者曰“浮”，編竹木而浮於水者曰“桴”（即“筏”），亦當爲一語孳乳。又，外殼與内芯必然相合，故“孚”有相合、相符、相應之義，則轉而與誠信義通。“孚”的誠信義或由此而來。

楚簡帛文作，古意猶存。

092.服

服，甲骨文作，金文作，《説文》古文作，小

篆作。

从凡，𠬝聲。“凡”即“盤”字，用作偏旁多訛變作“舟”形，隸定後與“月”同形。“𠬝”字从又从卩，象手按抑跪人之形，卜辭指俘虜。俘虜用爲勞役，自有制服、服事等義。“服”爲“𠬝”的派生字，“凡”或是累增聲符。“服”的本義是刑役之人或服事，引申爲職位、任用、順從、畏服、佩服、佩戴、穿着、整治、熟悉、習慣等義。又或通“伏”“鵩”“犕”“負”。銘文或用職事、服事、從事、奉行等義，或用作職官名、貢賦名。

楚簡帛文作，沿襲古體。秦簡牘文作，古隸典型。

093.福

福，金文作，小篆作。

基本字形从示从畐（fú），畐亦聲。“示”即神主，“畐”本象盛酒之器。第七、八字形增“北”作聲符。“福”的本義是祈福，引申爲保佑、造福等義。銘文或用作祭名，或指祭祀的酒，或用福佑義。

楚簡帛文作，沿襲古體。秦簡牘文作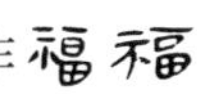，古隸典型。

094.甫

甫，甲骨文作，金文作，小篆作。

羅振玉説，甲骨文象田中有蔬，即“圃”的本字。早期金文沿襲甲骨文，後改从父作聲符。文獻多用作對男子的美稱。又用爲時間副詞，開始之義。又通“尃”，公布之義。又或同“圃”，種植蔬菜花木的園地。卜辭或用作人名。銘文或讀如“父”，對男子的美稱。或通“夫”“簠”。提示：甲骨文第三字形或釋爲“邦”，待考。

楚簡帛文作，古意猶存。

095.斧

斧，甲骨文作，金文作，小篆作。

于省吾説，早期甲骨文“斧”爲横向放置的斧形。甲骨文後期或从斤，父聲。斧和斤都是古代的勞動工具、武器或刑具，故文獻多“斧斤”同義複用。析言之，則斧比斤大而縱刃，易於直劈。卜辭用本義。銘文或用本義。或讀如“父”，男子美稱，通作“甫”。或讀“釜”。古代黑白斧形圖飾或稱爲“斧”，字或作“黼”。

楚簡帛文作，从金，父聲，可隸定作“鈘”。秦簡牘文作，古隸典型。參見097.父字條。

096.府

府，金文作，小篆作。

金文第一、四字形从宀，第二、三字形从广（yǎn），皆从付作聲符。第三、四字形增“貝”作意符。“府”的本義是指存放文書和財貨的地方，引申爲官府，又用作職官名。孳乳爲臟腑之“腑”，蓋“腑”即内臟之“府”。銘文或用本義，或用引申義。提示：古文字中，“广”（yǎn）一般表示簡單的建築，“厂”（hǎn）多表示山石崖岩。“广”作爲構形意符，與象房屋剖面之形的“宀”表意相近，而與今天“廣”字簡體的“广”并非一字。“厂”作爲構形意符，與“石”表意相近，與“廠”字簡體的“厂”并非一字。從字源角度看，“宀”“广”“厂”作爲意符有時很難區別，三者本是一形之變，這從“府”“廳”等字的不同字形中可以清楚地看到。不過相對而言，“宀”形較爲穩定獨立。

楚簡帛文作，沿襲古體。秦簡牘文作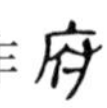，古隸典型。

097.父

父，甲骨文作，金文作，小篆作。

一般認爲，“父”象以手持杖形，郭沫若認爲是以手持石斧會意。卜辭多指父親。銘文或指父親。或用作對男子的美稱和老年男子的尊稱，同“甫”。或用爲天子、諸侯對同姓親族之稱。文獻或特指天、雄性禽獸和從事某行業的人。其亘古之用則爲口語“爸”的古字。“父”增聲符“巴”則爲“爸”，則“爸”是“父”的後起增聲字。“父”又多作聲符用以構形，如“斧”“釜”“甫”“布”等字都是从父得聲。

楚簡帛文作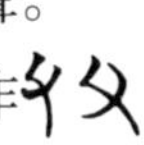，沿襲古體。秦簡牘文作，古隸典型。

098.付

付，金文作，小篆作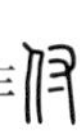。

初文从人从又，會意交付。“又”或作“寸”，後世承之。又或作“丑”，“丑”即“叉”“爪”，用在字形上面作“爫”，皆爲手形之變，表意與从又相同。文獻或用托付義，又或讀如“副”“敷”“咐”，作爲祭名則通“祔”。卜辭或指商王配偶，或指貴族女子。銘文用本義。

楚簡帛文作，沿襲古體。秦簡牘文作，“又”字末筆長畫已呈鉤勢。

099.婦

婦，甲骨文作，金文作，小篆作。

从女从帚會意，指已嫁女子。《説文》：“婦，服也。从女持帚，灑掃也。”金文第四字形作上下結構。卜辭、銘文或讀“帚”爲“婦”，甲骨文字形作，金文字形作。銘文或用婦女義，或指妻子或子之妻。

楚簡帛文作，篆體解散。秦簡牘文作，篆隸雜糅，古隸風格。參見118.歸字條。

100.甘

甘，甲骨文作，金文作，小篆作。

“甘”象口含一物之形，有人認爲是“含”的初文，後世多表示美味或味道甜美，特指甜味，引申爲抽象意義的甜美，又引申爲嗜好、愛好、美好、樂意、情願等義。又或用同“酣”。卜辭或用作地名。銘文或用作人名，或作姓氏用字。銘文“甘丹”即文獻之“邯鄲”，地名。此例啓示我們，研究銘文字形與傳世文獻的差異，對認識文字、詞語的演進具有重要意義。

楚簡帛文作，沿襲古體。

101.高

高，甲骨文作，金文作，小篆作。

甲骨文从京，而增“口”爲分化符號，京亦聲。“高”以高大建築之形表示高大之義，由高大引申爲尊貴等義。用爲動詞，有推崇、敬重義。以具體之象表示抽象之義，是漢字以形表義一法。由具體意義引申爲抽象意義，是詞義擴展一法。悟得此理，於識字明義大有裨益。卜辭或用崇高義，或用爲地名。銘文多用崇高義。

楚簡帛文作，已表現出明顯的書寫形態。秦簡牘文作，古隸典型。

102.告

告，甲骨文作，金文作，小篆作。

張玉金以爲，“告”是“舌”字的中畫向上突出而産生的分化字，故有稟報、告知、告誡等義。卜辭或用告祭義。銘文或用禱告、報告、控告、告知等義。

楚簡帛文作，沿襲古體。秦簡牘文作，古隸典型。參見285.舌字條。

103.戈

戈，甲骨文作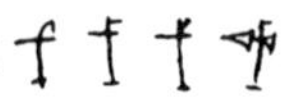，金文作，小篆作。

兵器名，長柄横刃，盛行於商周。字本象形，金文末一字形增“金”爲意符，表示爲金屬所製。“戈”本兵器，引申爲戰爭、戰亂義，故表示征戰、武器、戕害之字多从戈，如“戎”字義爲兵器或征戰，字形从戈，“戈”下本是盾牌的象形，後變作“十”字形。“戍”字从人持戈，會戍守之意。卜辭或用本義，或用爲方國名。銘文或用本義，或用作氏族名、人名。提示：“戈”“弋”“必”（柲）三字音義不同，注意區别。又，依次比較金文前六字形，“戈”字弱化象形、走向綫條化的軌迹清晰可見，體現了文字追求簡明、便於書寫的進步。末字雖有形聲的優勢，但畢竟筆畫繁多，又不便用作組字構件，故遭淘汰，這又體現了綜合考量、優勝劣汰的原則。

楚簡帛文作，後二字形篆意幾盡。秦簡牘文作，古隸典型。參見013.必字條、276.戎字條。

104.割

割，甲骨文作，金文作，小篆作。

甲骨文从刀从索會意，表示以刀割斷繩索。舊釋爲“絶”，今從郭永秉、鄔可晶説。金文前一字形《新金文編》釋爲“絶”，但與甲骨文字形有明顯繼承關係，故從郭永秉、鄔可晶説移入。第二字形从刀，害聲，小篆沿用。卜辭或用切割義。或用作地名，文獻作“葛”。銘文或通“匄”，祈求之義。

楚簡帛文作，有訛變。意符從刀。秦簡牘文作，古隸典型。

105.歌

歌，甲骨文作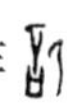，金文作，小篆作，或體作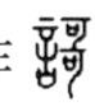。

甲骨文从言，丂聲。金文从言，可聲，“可”从口，丂聲，故知甲骨文與金文同字，隸定作“訶”。金文三形皆爲春秋晚期字形，其中第三字形叠加聲符“可”，爲小篆及後世所繼承，隸定作“謌”。“言”旁後世多作“欠”，从欠與从言表意相同。戰國文獻或作“哥”。最初可能徑作“可”，《集韵·歌韵》：“歌，古作‘可’。”本義是歌咏，引申爲奏樂、歌頌、歌謡等義。卜辭用法不明。銘文或用本義。

楚簡帛文作，沿襲古體。秦簡牘文作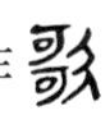，古隸典型。

106.革

革，甲骨文作，金文作，《説文》古文作，小篆作。

初文象去毛的獸皮。用作動詞，則剔除獸毛的行爲亦得謂之革，革新、除去之義因此而來。又有甲冑、兵車、士兵、韁繩等引申義，多由借代修辭手段而來，故欲明訓詁亦須明修辭乃至語法。

卜辭或用爲祭名。銘文或讀“勒”，馬頭絡銜。

楚簡帛文作，沿襲篆勢。秦簡牘文作，古隸典型。

107.各

各，甲骨文作，金文作（摹本），小篆作。

甲骨文从止朝向凵的方向會意，表示由外而來、來到。“止”即足。“凵”古同“坎”，象坎穴之形，後來統一作“口”形。金文增意符“彳”“辵”“走”表示行爲動作，其義益顯。傳世文獻多作“格”，故辭書曰：“格，至也。”提示：由外而内曰“各”，由内而外曰“出”，“各”“出”二字所从之“止”方向相反則意義相反，古人造字智慧如此。卜辭、銘文多用本義。銘文又或讀“客”，或讀“略”，蓋因“客”“略”皆从各得聲。

楚簡帛文作，依然篆勢。秦簡牘文作，已近今體。參見046.出字條。

108.工

工，甲骨文作，金文作，《説文》古文作，小篆作。

構形難得確解。有人以爲是斧形。有人以爲是古代木工用以求直角的曲尺，即矩，也叫矩尺。季旭昇以爲或兼二者之用。斧頭、矩尺皆爲工匠所用，因借以表示工匠，引申爲工程、擅長、精巧等義。又分化爲“功”字，有功勞、功業等義。古籍“女工”也寫作“女紅”，則“紅”也是“工”的分化字，與紅緑之“紅”是同形字。卜辭或用工匠義，或讀如“貢”“功”。銘文“司工”爲主管工匠、工程的官吏，後世文獻作“司空”，故知欲治古學，必待文字、音韵、訓詁、文獻四者之貫通。

楚簡帛文作，沿襲古體。秦簡牘文作，古隸典型。參見178.矩字條。

109.弓

弓，甲骨文作，金文作，小篆作。

象形，字形或有弓有弦，或有弓無弦，本義是用以射箭的工具。卜辭用作氏族名。銘文多用本義。

楚簡帛文作，或沿襲古體，或增加飾筆，飾筆或作點狀，稍變即作短横。

110.公

公，甲骨文作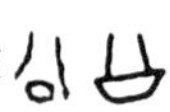，金文作，小篆作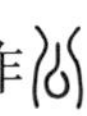。

或説構形本義爲“瓮”。金文第四字形“口”中增短横爲裝飾。文獻或用作爵位名稱，或指諸侯。卜辭或用作祭名，或用作對先祖的稱呼。銘文多用作對國君、貴族或先人的通稱。或用於人名之後，稱“某公”。又或通“宫”。銘文“公子”指諸侯之子。

楚簡帛文作，沿襲古體。秦簡牘文作，古隸風格。

111.宫

宫，甲骨文作，金文作，小篆作。

从宀，“宀”下二口形爲宫室之形。李孝定以爲除去“宀”外，二“口”形不論相對位置和是否相連都是“宫”字。本是房屋的統稱，後用作宗廟、宫殿、神殿之稱。卜辭或爲人名，或指宗廟。銘文或用宗廟義。

楚簡帛文作，沿襲古體。秦簡牘文作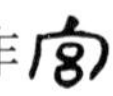，古隸典型。

112.共

共，甲骨文作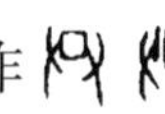，金文作（摹本），《説文》古文作，小篆作。

甲骨文字形似應分爲兩類。一類从雙手捧持一器物，表示設置器具，是“供”的初文。一類似是从廿从廾。“廿”即二“十”，“廾”表示雙手捧物。“廿”“廾”合體表示共同之義。或説上从二“玉”，側視之則爲二竪畫，下从廾，表示二手持二“玉”，是“共”的初文。上述意見是否準確，兩類字形是否爲一字，學界都有不同意見，難得確解。文獻多用作共同義。又或通“恭”“供”。卜辭用法不明。銘文或用“供”義，供給。或用“拱”義，敬持。或用作人名。

楚簡帛文作，已見訛變。秦簡牘文作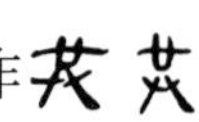，古隸典型。

113.古

古，甲骨文作，金文作，《説文》古文作，小篆作。

甲骨文字形上部象盾牌，後簡化爲“十”字形。盾牌堅固，故在其下加“口”作爲與表示盾牌意義相區别的符號，以此表示堅固之義，裘錫圭認爲是“固”的初文。文獻多用古老、年代久遠等義。卜辭多用作地名。銘文或用古代義。

楚簡帛文作，沿襲古體。秦簡牘文作，已近今體，古隸風格。參見076.盾字條、020.博字條。

114.谷

谷，甲骨文作，金文作，小篆作。

或認爲上从二“八”，“八”，分也，二“八”下从口，會山谷二分如口之意。或認爲下从之“口”表示山谷之口，上部二“八”象水流，對比甲骨文、金文“溢”字字形可知。《説文》解釋爲“从水半見出於口”。構形意義難以確定。本義是兩山之間流出的水或水道，引申指兩山之間的低窪地。文獻或通五穀之“穀”，漢字簡化後“谷”“穀”統一爲“谷”。卜辭用作地名。銘文或用本義，或通“裕”。

楚簡帛文作，沿襲古體。秦簡牘文作，古隸典型。

115.鼓

鼓，甲骨文作，金文作，《説文》籀文作，小篆作。

初文所从者爲鼓形，甲骨文作，隸定作“壴”，實即“鼓”的初文。後增“支”或“殳”爲意符表示擊鼓動作，金文第一字形表意明顯。“支”或作“攴”字形。用爲名詞爲“鼓”，古代樂器。用爲動詞爲擊鼓、敲奏，引申爲鼓動、鼓起等義。卜辭或用擊鼓義，或用作地名。銘文或用名詞義，或用敲奏義。

楚簡帛文作，沿襲古體。秦簡牘文作，古隸典型。參見005.敗字條。

116.官

官，甲骨文作，金文作，小篆作。

从宀从𠂤，戰國晚期金文或省“宀”。一般認爲，“𠂤”即古“堆”字，而卜辭、銘文或讀“師”，衆也，則“𠂤”在“宀”中亦即“師”在“宀”中，以衆人聚於室中會意，“館”的初文，義爲衆人休止之所，即館舍，或作“舘”，意符换用。引申指官府、官員，又引申爲主管、管理。文獻或通“管”。卜辭、銘文或用如“館”。銘文又或用官署、管理等義，或通“寬”。

楚簡帛文作，沿襲古體。秦簡牘文作，古隸典型。參見488.追字條、297.師字條。

117.光

光，甲骨文作，金文作，《説文》古文作，小篆作。

初形象人頭頂有火光，或説象人舉火把，本義爲光輝、光明、榮耀，引申則有時光、景色、發光、照耀、恩惠等義。文獻或通“廣”。卜辭或用作方國名。銘文或用光彩、光寵、榮耀、增光、賞賜等義，或用作人名。

楚簡帛文作，模範金文，或有小訛。秦簡牘文作，古隸典型。

118.歸

歸，甲骨文作，金文作，《説文》籀文作，小篆作。

甲骨文从帚，𠂤聲。或説从𠂤从帚，帚亦聲。金文或增“彳”或“辵”作意符。“𠂤”下或增意符“止”。“歸”的本義是返回，引申爲歸附、歸屬等義。卜辭、銘文或用返回義。銘文又或用作方國名、人名，又或通“饋”。

楚簡帛文作，“帚”下增飾筆，或有訛變。秦簡牘文作，隸定則爲“逯”，遂成異體。參見488.追字條、297.師字條、099.婦字條。

119.簋

簋，甲骨文作，金文作，《説文》古文作，小篆作。

古代食器，後用爲禮器。字形左側即爲獨體象形，隸定作“皀”或“皀”。甲骨文或从又，或从殳。金文或增意符“宀”“竹”“皿”，或增聲符“軌”“九”，隸定則有“毁”“𣪘”“杋”“匭”“盙”等異體，後世多作“簋”。驗之實物，簋爲圓形，簠爲方形，而傳世文獻多誤解簋爲方形，簠爲圓形。銘文用本義。

120.國

國，金文作，小篆分“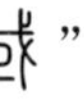”“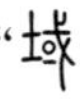”“”三字，即“或”“域”“國”。

金文第一字形是早期基本字形，隸定作“或”，其結構分兩部分：左側小圓圈或小方口形象城邑，有時在其上下或四周各加一直畫表示邊界。右側从，隸定作“必”，實際是“柲”的古字，意思是兵器的柄，此處代指武器。這樣看來，這個“或”的構形當是表示武裝守衛的區域或城邑。本義是疆域，或特指古代部落或諸侯分封的邦國。銘文作“或”者，或爲疆域義，或爲邦國義，或通“有”“又”。後世之“或”多用作無定代詞。在“或”的字形外增“口”作意符，隸定則作“國”，簡化後作“国”。一般認爲，“口”即古“圍”字，用作意符含有包圍、圍欄等意義。“口”或省形，表意相同。有時又在“或”的字形上增“土”作意符，則又分化出“域”字。金文最末字形从或从邑，从邑與从土表意相同，實際也是“域”字。由上可知“或”“域”“國”音義俱通，於古實爲一字，後世各有分工。《周禮》所謂邦國者，皆爲諸侯之國，銘文多用此義。提示：“或”字上横右延插入“”字則爲“戈”，故後世“國”字从戈。又，《新甲骨文編（增訂本）》“或”字下收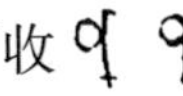等字，與“戉”形近而非一字，本是一種武器的象形，後來左側的圓圈形與右部字形分離，又在上下各增飾筆，就成了“或”字，亦即古“國”字，但它最初的意義可能更接近地域之“域”。籠統地説，在古文字體系裏“或”“域”“國”本爲一字，其源頭當是來自古“或”字。

楚簡帛文作，皆沿襲金文。

121.函

函，甲骨文作，金文作，小篆作，或體作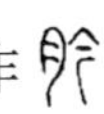。

从矢在器中會意，異體作“圅”。本義是皮質盛矢之器。引申之，盛物之器亦曰函，如劍函、鏡函。封套亦曰函，如信函、書籍之函。甚而類似封套之物亦曰函，如鎧甲或稱函。鎧甲是古代戰時護身服裝，用金屬片或皮革製成，故後或增“金”旁作“鋡”。文獻中的“函人”即指製造鎧甲的人。“函”用於盛物，故又有包含、容納義，與“含”義近。有人認爲，盛矢之“函”的意義可能晚於“包含”的意義。由“函”字孳乳，增水旁則爲“涵”，義皆相因。“函”在卜辭中或用本義。銘文或通“陷”，陷入。或通“虔”，敬順。或用作氏族名、人名。

楚簡帛文作，後二字形與小篆或體形近，隸定作“肣”。提示：《說文》以爲“肣”是“函”的俗字，訓爲“舌”。出土文獻中“肣”或用爲斂義，讀qín。《集韵·侵韵》：“肣，斂也。”或假借爲“禽”（擒）。又，从甲骨文、金文字形可知，後世“函”中的“氺”形實是“矢”形的訛變，故不知本形及其訛變則本義難解。

122.寒

寒，甲骨文作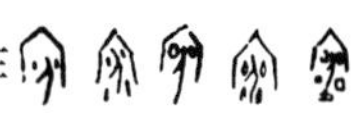，金文作，小篆作。

甲骨文構形意義不明。字形从宀从人，“人”四周有數個小點、小圈或小方框，構形意義當與金文相類，或是以人在冰水之中會意，不能確定。金文从人在宀下茻之中，會意寒冷。“茻”字从四“屮”（chè），“屮”或用同“草”，四“屮”之“茻”即草莽之“莽”。“人”下或加二短横，或説是飾筆，或説是草墊。小篆从仌（古“冰”字），或是二短横的訛變，或是强化會意。本謂寒冷，引申之則有貧寒、卑微等義。卜辭用作地名。銘文或用作氏族名。

楚簡帛文作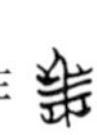，省去“宀”形。秦簡牘文作，古隸典型，形或省變。

123.行

行，甲骨文作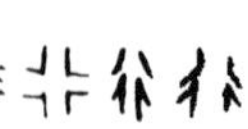，金文作，小篆作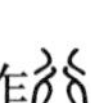。

象形，於物爲大道，於人則爲行走。就字形而言，本義應指大道，卜辭兼名、動二用。銘文多用行走、德行二義，也用道路、行列、征行、巡行、施行、履行、行爲等義。詞義引申大致因循名、動兩條途徑，名詞義引申爲行列、行伍、排行、行業等義，今音háng。而行爲、品行等名詞義今音則爲xíng。動詞義引申爲通行、施行、流行、經歷、巡視等義，今音xíng。用作構形部件多省其半，作“彳”或“亍”(chù)，一般用作意符，義與“行”相近。

楚簡帛文作，沿襲古體。秦簡牘文作，篆意猶存，古隸典型。

124.好

好，甲骨文作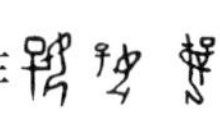，金文作，小篆作。

从女从子會意，確切意義不能肯定，可能是説女有子則好，引申爲泛指。卜辭用作人名。銘文或用美善、良好、適宜義，或特指樂聲優美，或用作人名。

楚簡帛文作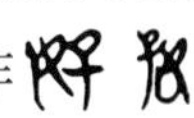，秦簡牘文作，皆沿襲古體。

125.禾

禾，甲骨文作，金文作，小篆作。

頂端象穀穗下垂之形，主體部分象葉、莖、根。本指穀類，亦泛指禾苗和糧食作物。卜辭多用本義。銘文或讀如“龢”“和”，或爲“年”字省體。

楚簡帛文作，篆勢猶存。秦簡牘文作，古隸典型。

126.合

合，甲骨文作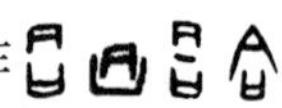，金文作，小篆作。

以上下兩口相對會意，朱芳圃説象器蓋與器身相合之形。劉釗説是“答”的初文，本義是對答。引申爲相合、會合、聚合、符合、合併、閉合、覆蓋等義，又引申爲匹對等義。卜辭或用會合義。銘文或用符合義，或用同“答”，或通“會”。“會”也可能是“合”字的分化。提示：由於構形或書寫的原因，古文字“口”也會有相應變化，倒“口”形多寫作鋭角，如甲骨文第四字形。有些甚至演化爲“今”字并用作聲符，如古“飲”字所从。

楚簡帛文作，增“曰”作意符，多讀爲“答”。秦簡牘文作，篆意猶存。

127.何

何，甲骨文作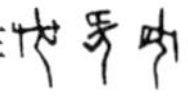，金文作，小篆作。

金文初形尤其形象，象一人肩膀扛戈，後世人形演變爲“人”旁作意符，“戈”形演變爲“可”而作聲符。或以爲甲骨文字形中人所肩負者爲“丂”，兼作聲符。“丂”是“柯”的初文，即斧柄。“何”的本義是擔起。裘錫圭認爲，疑問代詞本是先借“可”表示，後來爲了減少“可”的職務，改借表示負荷意義的本字“何”

表示，於是又借表示荷花意義的“荷”字表示“何”的本義。卜辭或用作人名、方國名。

楚簡帛文作，篆意猶存。秦簡牘文作，古隸風格。參見105.歌字條。

128.和

和（龢），甲骨文作，金文作（摹本），“龢”的小篆作，“和”的小篆作。

初文从龠，禾聲。甲骨文“龠”作，金文作，是古代管樂之名。季旭昇説，商代之龠雙管同奏，其音和美。郭沫若説，字从編管之形，管上作口狀，表示是空管。“龢”字从龠，上部或增倒“口”形，表示人口對管吹奏。本義是樂聲和美動聽，引申爲味道和美，又泛指和美、和諧。卜辭用法不明。銘文或用本義，或用引申義。提示：金文第四字形以“音”代“龠”，棄形取義也。後以“口”代“龠”，以“和”“龢”通用，更取簡省。

楚簡帛文作，沿襲金文第六字形。秦簡牘文作，古隸典型。

129.河

河，甲骨文作，金文作（摹本）（摹本），小篆作。

裘錫圭説，甲骨文的意符是“水”，第一、二字形聲符“丂”

即“柯”的初文。第三、四、五字形聲符是“何”的初文。第六字形聲符是金文所从之“”的初文，亦即“哥欠”(即“呵”)的異體。金文从水，何聲，後世演變爲“可”聲。“河”本指黄河，後世引申爲泛稱。卜辭或用本義，且視爲先祖而祭之，楊樹達疑爲河伯嫡祖。或用作地名。銘文或用本義。

楚簡帛文作，沿襲古體。秦簡牘文作，古隸典型。

130.黑

黑，甲骨文作，金文作，小篆作。

甲骨文作面部加竪畫的人形，金文復加斑點，唐蘭認爲，字形顯示的是一個受墨刑處罰的人，故表示刑罰義的字多从黑。人形面部以下本作“大”字形，後繁化近似“炎”字形，實是表示墨色斑斑。“黑”字應是以人面之黑表示顔色之黑，本義是黑色，引申爲夜晚、昏暗、狠毒、隱秘等義。卜辭或用本義，或説用作“艱”。銘文或用作人名、地名。

楚簡帛文作，沿襲古體。秦簡牘文作，古隸典型。

131.弘

弘，甲骨文作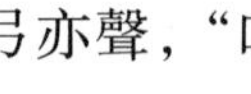，金文作（摹本），小篆作。

从弓从口，弓亦聲，“口”也可能是區别符號。構形當是以弓聲宏大表示聲音宏大的意義，引申爲宏大、廣大、光大等義。

甲骨文所从之“口”的位置不一，後世統一在一側，最終訛變作“厶”字形。卜辭、銘文或用作人名、氏族名。提示：裘錫圭認爲，表示强弱的“强”與表示聲音宏大的“弘”是同形字，都寫作“弜”。一部分春秋戰國文字在用作“强”字的“弜”的“口”下加兩横，可能是爲了跟“弘”字相區别。

楚簡帛文作 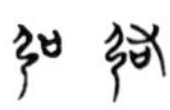，或增“又”作意符。

132.矦

矦，甲骨文作 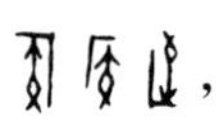，金文作 ，《説文》古文作 ，小篆作 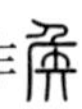。

後世隸定有“矦”“侯”兩種字形。古代有射侯之禮，“侯”即射布、射革，或稱箭靶，射侯就是以箭射靶。甲骨文上象張獸皮或布，下爲矢。此射侯之禮存於古文字者。第三字形是倒書。古人重武習射，經常舉行射禮，後來把天子舉行的大射也稱作射侯，就是《禮記・射義》説的“射中得爲諸侯”之意。古代爵位分公、侯、伯、子、男五等，侯爲第二。商周稱諸侯，大致分外服諸侯與方國諸侯，小國則爲伯、子、男。“矦”在早期文獻中也表示時候之義。卜辭、銘文或指諸侯。銘文又或用作地名、人名。提示：裘錫圭説，從文字角度看，“候”是由“矦”分化而出。但從語言角度看，諸侯之“侯”則是由斥候之“候”分化而出。“矦”的前身應該是在邊境充當斥候的武官，但卜辭所見之“矦”一般都具有諸侯的性質。

楚簡帛文作 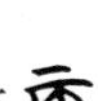，沿襲古體。秦簡牘文作 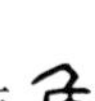，古隸典型。

133.厚

厚，甲骨文作，金文作，《説文》古文作，小篆作。

从厂（hǎn）从㫗。“㫗”即古“厚”字，或作“垕”，則“厚”爲“垕”字的增形。唐蘭説，“鐔”“厚”古音相近，“㫗”是“鐔”（覃）的初文。“厂”是石崖，《説文》據“厚”字从厂而訓爲山陵之厚，當是又一義。文獻多表示豐厚、厚重、忠厚等義。卜辭多用作人名。銘文或用厚重、繁多、盛大等義，或用作氏族名、人名。

楚簡帛文作，字形多樣，多有訛變。秦簡牘文作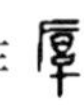，與小篆形近。

134.後

後，甲骨文作，金文作，《説文》古文作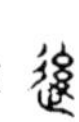，小篆作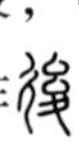。

初文从幺（yāo）从夊（suī）。“幺”象束絲之形，有微末之義。“夊”，足也。从幺从夊，會後繼、後至之意，“後”的初文。劉釗説，甲骨文初文从夊，幺聲。後增“彳”“止”或“辵”爲意符。金文第三字形用簡體，與甲骨文早期字形相同。甲骨文第三字形是西周字形，與金文同。基本義或表示時間之“後”，或表示位置之“後”、次序之“後”，引申之，子孫亦謂之“後”，未來亦謂之“後”。詞義引申大致皆由實而虛，由此及彼，漸行漸遠而皆相因相成。漢字簡化後作“后”，則與皇后、皇天后土之“后”混一，應注意區别。卜辭或用隨後義。銘文或用落後、在後、後代等義。提示:“夊”作爲構形部件，其形義相近者有“夂”(zhǐ)，二者都是“止”(即“趾”，足也)的變形，構形表意相同，表示行走、行動意義的字多从之。“夊”“夂”的區别在前者左上筆畫交叉，後者不交叉。“夊”用於字的下部，如“後”字。“夂”用於字的上部，如“降”字。

楚簡帛文作，各有所承。秦簡牘文作，古隸典型，形近今體。

135.乎

乎，甲骨文作，金文作，小篆作。

舊説甲骨文基本字形下面是聲符“丂”，“丂”上三小點表示呼叫的聲音。第三、四、五、六字形特殊，或説是“乎(呼)食”的合文。張新俊認爲从食(皀)，乎聲，是“乎”的異體。本義或是呼叫、招呼，引申爲傳令，後世增意符“口”作“呼”，又或增聲符“虍”作“嘑”。卜辭、銘文或用本義。

楚簡帛文作，上加飾筆，中竪連筆而下，則形近“平”字。又或作“虖”，或从虎从口，或从虍从壬，或从虍从示，皆以“虎”“虍”作聲符。

136.壺

壺，甲骨文作，金文作，小篆作。

古代盛酒器，圓腹或橢圓腹，多有圈足貫耳。甲骨文前三字是象形。劉釗説，第四字形增“魚”作聲符，可稱奇趣。金文或增“金”作意符表示爲青銅所製。或增“廾”或“攴”，古文字中表示器名之字多有此例，表示可以手持，但無區别意義。字形極多，造型精美，一如當今賽事獎杯，令人稱絶。卜辭辭殘，用義不詳。銘文用本義。

秦簡牘文作，古隸典型。

137.虎

虎，甲骨文作，金文作，《説文》古文作，小篆作。

象形。本義是老虎，或用以比喻威猛，如虎士、虎臣、虎賁、虎將。卜辭或用本義，或用作人名、方國名。銘文或用本義，或用比喻義，或用爲人名。“虎”或省形作“虍”用爲構形部件，或作意符，或作聲符。提示：起初象形字往往隨形成體，故多有作横勢者，後世爲求書寫的整齊美觀統一，一般都改作竪式，表示動物的字形演變更爲明顯。形體有繁有簡，其發展趨勢是删繁就簡，并逐步走向綫條化、部件化、符號化。

楚簡帛文作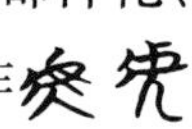，沿襲古體。秦簡牘文作，訛變較大。

138.户

户，甲骨文作，金文作，《説文》古文作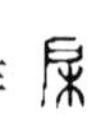，小篆作。

甲骨文象房屋之門的一半，金文或增从木爲意符。本義是單扇門，引申指住户、人家、户籍。卜辭多用本義。銘文或用作人名。提示："户"字隸定後有"戶""戸""户"三種字形，可以歸入裘錫圭説的"寫法略有出入"的異體字，今統一作"户"。《新甲骨文編（增訂本）》收在"户"下，《新金文編》收在"戶"下。如此現象，實宜改變。

楚簡帛文作，解散篆體。秦簡牘文作，古意猶存，古隸典型。

139.華

華，金文作，小篆作，或體作。

本是花的象形，或説借形聲化而从于得聲，楚簡帛文因之。據早期字形隸定作"雩"，戰國金文或增"艸"爲意符，遂有"蕚""華"二字。因多用爲光華之"華"，後世换用形體簡單的聲符字另造"荂""花"專表本義。今音讀陰平者，義爲花朵、昏花、剖開等。今音讀陽平者，義爲開花、光彩、華美、時光、榮耀、浮華、精華等，皆引申義。今音又有讀去聲者，如表示姓的字等。循此可得詞義演變經脈。銘文或用作人名、地名、方國名。

楚簡帛文多作，从艸，于聲。秦簡牘文作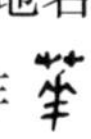，古隸典型。

140.畫

畫，甲骨文作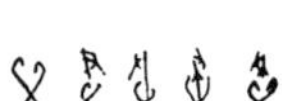，金文作，《説文》

古文作，小篆作。

甲骨文第一字形是“畫”的初文，象所繪花紋。其餘字形上部皆增从又持聿，“聿”即古“筆”字。上下合體會持筆繪色之意。金文第一字形增从“田”字形，此形疑是“琱”的初文（字形見《新金文編》），取琱飾之義。表示這個意義的字也常寫作“雕”或“彫”。第二字形“田”字形下增从玉，此字或亦即“琱”字，其形或作“周”，亦當是省“玉”之“琱”字。後又訛變作“田”“目”。有學者認爲字从田，取規畫田界之義。也有人認爲从周，聲符。録之備考。文獻多爲圖劃、謀劃、描畫、劃分等義，皆由本義引申。卜辭或用作人名、地名。銘文用彩色之義。

楚簡帛文作，沿襲古體。秦簡牘文作，形有訛變。

141.懷

懷，金文作，小篆作。

从衣，眔（dà）聲，隸定作“褱”，“懷”的初文。从衣，當是表示懷抱義。《説文》：“懷，念思也。从心，褱聲。”是知“懷”是“褱”的增形字。字義由實而虚，由“衣懷”轉而爲“心懷”。銘文或用懷念、安撫、給予等義，或用作人名。提示：“眔”从目从水，會泪水之意，“泣”的初文，卜辭、銘文或用作連詞，有逮及之義，或説通“逮”，用“眔”作“褱”的聲符與意義無關。

楚簡帛文作，猶從古體，略有訛變。秦簡牘文作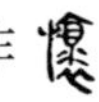，古隸典型。

142.皇

皇，甲骨文作，金文作，小篆作。

“煌”的初文。甲骨文作火炬光焰上騰之形，第二字形增聲符“王”爲形聲，後世因之。本義是光焰輝煌，引申則有大、美等義。銘文或尊稱天爲皇天，尊稱周王爲皇王，尊稱先父爲皇考，尊稱先母及先祖母爲皇妣，尊稱先祖爲皇祖，尊稱天帝爲皇帝。用之於人帝則自秦始皇始。文獻或通“遑”“惶”“匡”“況”。卜辭用法不明。銘文多用大義、美義。

楚簡帛文作，略有簡省訛變。秦簡牘文作，古隸典型。

143.黄

黄，甲骨文作，金文作，《説文》古文作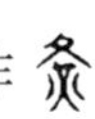，小篆作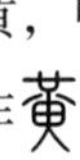。

唐蘭認爲，甲骨文象一個挺胸凸肚、仰面朝天的病人，這種病人叫“尪”(wāng)，甲骨文即是“尪”字的初文。古人以爲，老天可憐尪，因爲擔心雨水會流進他的鼻孔，所以總不敢下雨。而民間爲了求雨，於是有了焚尪祭天的習俗，“黄”（尪）就是用作祭天的犧牲，也就是焚的對象。甲骨文有“黄”下加“火”之字，裘錫圭説本是專用於“焚黄”的“焚”字，後來成爲“焚”的異體。由此例可知探求文字構形義、本義以及意義演變之難。“黄”在卜辭中或用本義。銘文或表示黄色，或通“璜”“衡”，佩玉。或用作人名、地名、方國名。後世文獻多用以表示黄色。

楚簡帛文作，沿襲古體。秦簡牘文作，古隸典型。

144.回

回，金文作，《説文》古文作，小篆作。

象水旋轉之形，有學者認爲是“洄”的初文。本義是迴旋的水或旋轉，引申爲掉轉、返回、答覆、轉變、違背、迂回、迷惑、回護、邪僻等義，又用作量詞。增“辵”作意符則爲“迴”，初或表示返回義，後與“回”多通用。銘文或用作氏族名。提示：甲骨文有類似字形，孫詒讓釋爲“亘”。《新甲骨文編（增訂本）》收“亘”字作，金文作，形有小異。或説“亘”“回”或本爲一字，後分化爲二，録以備考。

楚簡帛文作，秦簡牘文作，皆沿襲古體。

145.昏

昏，甲骨文作，金文作，小篆作。

甲骨文第一、二字形从日，民聲。“氏”“民”古爲一字，故隸定作“昏”，異體作“昬”。“民”本“氓”的初文，象眼睛刺瞎之形。劉釗説，“氏”與“民”形近，唯眼部爲一綫，正是目盲特徵。第三、四字形从日，𥁕聲，後世沿用第一、二字形。“昏”的本義是日暮，引申爲昏暗、糊塗、昏迷等義。又孳乳爲

“惛”“睧”，前者表示心昏，後者表示目昏，實際都是“昏”用作引申義後的分化字。又如古禮昏時娶婦，故“昏”或表示婚姻義，後增“女”旁爲“婚”。古稱負責昏時閉門的門吏爲閽人，則“閽”的語源亦爲“昏”。“惛”“睧”“婚”“閽”諸字都是从昏得聲的形聲字，聲中有義，因爲它們皆由“昏”字孳乳派生，語出一源。“昏”在卜辭中多用本義。銘文或用作地名、方國名，而借“聞”表示昏聵義。提示：裘錫圭解釋甲骨文第三、四字形説，甲骨文有  等字，象人浴於水中，當是溫暖之“溫”的初文，亦即“昷”字。由此知甲骨文後二字形是从日，昷聲。前後二者出自卜辭不同的組別，所以出現文字形體上的差異，這些差異表現了不同的用字習慣，這種現象對研究古文字也具有重要啓發意義。

楚簡帛書作 ，沿襲古體。秦簡牘文作 ，稍有形訛。

146.獲

獲，甲骨文作，金文作，小篆作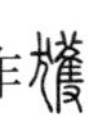。

甲骨文从隹从又會意，“隹”，鳥也。“又”，手也。以手持鳥表示捕捉到一隻鳥，隸定作“隻”，“獲”的初文，本義是捕獲、獲得。卜辭讀爲“獲”。銘文或用俘獲、攻取、戰勝義，或用作人名，又或通“護”。提示：春秋晚期的金文“隹”字或繁化作“雀”。小篆从犬从蒦（huò），蒦亦聲，隸定作“獲”，今體沿襲。“隻”本爲打獵所獲，故後世增“犬”作意符。从犬的意義可能有二解：一是狩獵往往帶犬，這是狹義的理解。一是以犬代表獸類，故凡表示獸類意義的字往往用“犬”作意符。“獲”字通行以後，“隻”

的字形被借來用作表示與“雙”相對的量詞，漢字簡化後寫作“只”，與表示“衹有”意義的“衹”合用同一個字形。“獲”本表示打獵所得，故从犬。甲骨文有“穫”字作，从从禾會割禾之意，“”象鐮刀之形。漢字簡化後“穫”“獲”二字統一作“获”。

楚簡帛文作，沿襲古體。秦簡牘文作，形稍訛變。

147.及

及，甲骨文作，金文作，《説文》古文作，小篆作。

初文从人从又，“又”貼近“人”後。甲骨文第三字形作後一人伸手抓住前面一人。第四字形與金文第二字形將“人”“又”合成一體，表示以手抓住一人。金文第四字形增“彳”爲意符，表意更加明確。本義是趕上、逮住，引申爲到達、接續等義，又用作連詞、介詞。卜辭或用逮及、到（某時）之義。銘文或用作介詞、連詞，義爲逮及、與。又或通“急”。

楚簡帛文作，或增从止，多有訛變。秦簡牘文作，後者古隸典型。

148.吉

吉，甲骨文作，金文作，小篆作。

一般認爲，甲骨文前二字形的上面是樹立的戈頭之形，以下字形作“士”“立”“十”等形，是由戈頭或斧鉞之形簡化而來。戈作爲兵器堅固耐用，故借以表示堅固之義。爲區别字形，下加“口”作區别符號。本義是堅實、結實，引申爲美善、吉祥等義。卜辭或用吉祥義。銘文或用堅實義。

楚簡帛文作，篆勢猶存。秦簡牘文作，形近今體，古隸風格。

149.即

即，甲骨文作，金文作，小篆作。

象一人屈膝跪坐在食器之旁。用六書分析就是从卩从皀會意，“卩”象人跪坐，“皀”即“簋”，古代食器。从卩从皀，寓意就食，借以表示接近之義，引申爲到達、追逐、迎合、付與等義。進而用作連詞、介詞、副詞，則是實義的虚化。卜辭或用爲使動用法，表示請神來就食。銘文多用順承義，或用付與義。提示：“即”字人形面對食器，若从人而口形向外則爲“既”，言既已食之。古人造字寓意如此。

楚簡帛文作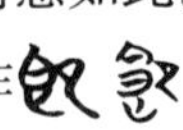，稍有訛變。秦簡牘文作，古隸典型。參見153.既字條。

150.疾

疾，甲骨文作，金文作（摹本）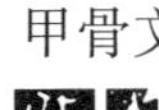,《説文》籀文作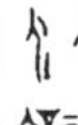，古文作，小篆作。

甲骨文基本字形从爿从人會意。“爿”即古“牀”字，人旁或加數個小點，表示人有病躺在牀上出汗。第三字形增从宀，表示在室中。第四字形从爿从大，从大與从人表意相同。第五、六、七字形是其省體。第八、九字形是其異體，構形从矢，當是以箭傷人會意，从大从矢，矢亦聲。金文第一字形與甲骨文第一字形相同。戰國金文人形與爿形相叠而成“疒”（nè）形，故第二、三、四、五、六字从疒从矢，矢亦聲，或説从疒，矢聲。末字與甲骨文第八、九字形相同。據簡體字形隸定作“疒”，據繁體字形隸定作“疾”。本義是疾病，引申爲禍害、疾苦、毛病、缺點、嫉恨、疾速等義。古代文獻一般把病情較輕的病叫“疾”，病情較重的則稱爲“病”。卜辭或用疾病義，或用疾速、緊急義。銘文或用疾速、緊急義，或用作人名。

楚簡帛文作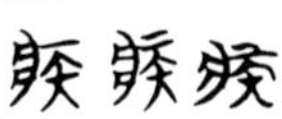，沿襲古體。秦簡牘文作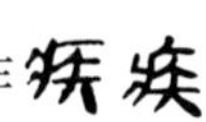，古隸典型。

151.集

集，甲骨文作，金文作，小篆作，或體作。

金文第一字形从木从三“隹”，顯然是以群鳥聚集於木會意。其餘字形簡化爲从木从隹，表意相同。金文最後一個字形加注“亼”（jí）聲，“亼”古同“集”。卜辭或用爲聚集、依就義。銘文或用成就義，或用作氏族名。

楚簡帛文作，承晚期金文草化字形，後形沿襲“亼”聲一體。秦簡牘文作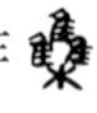，與小篆同。

152.己

己，甲骨文作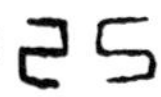，金文作，《說文》古文作，小篆作。

高鴻縉以爲象絲縷兩端縱横彎曲之形，“紀”的初文。文獻借用爲第一人稱代詞，表示自己。又用作天干第六位名稱。卜辭多用作天干名。銘文用作天干名、方國名或廟號。

楚簡帛文作，篆勢猶存。秦簡牘文作，古隸典型，形近今體。

153.既

既，甲骨文作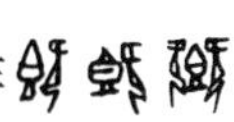，金文作，小篆作。

象人屈膝跪坐在食器旁，而以“口”形向外爲特寫，以已經吃完的意象表示已然之義，隸定作“旣”。卜辭或讀“餼”，祭名。銘文或用已經、完畢、全部等義。提示：若人面對食器則爲“即”，就也。

楚簡帛文作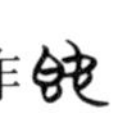，略有訛變。秦簡牘文作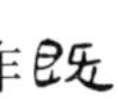，古隸典型。參見149.即字條。

154.祭

祭，甲骨文作，金文作，小篆作。

甲骨文从又持肉會意，“肉”旁或有數個小點表示滴血。金文增从示爲意符，“示”即神主，合體表示以手持肉祭祀祖先。所从之“又”或作“丑”，或作“攴”，表意相同。金文字形多種，主要是結構部件位置不同，若據之隸定則有多個異體。卜辭、銘文多用本義。

楚簡帛文作，沿襲古體。秦簡牘文作，古隸典型。

155.稷

稷，金文作，《説文》古文作，小篆作。

从示从鬼，社稷之“稷”的專用字。《説文》古文隸定作“䄼”。“稷”的本義指穀神，又泛指穀物，或指農官。古以“社稷”代表國家。因爲是指穀神、穀物，故後世从禾。銘文或用本義。

楚簡帛文作，或从禾，或有省形，或沿襲古體。秦簡牘文作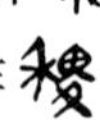，古隸典型。右側結構中的“女”形作“夊”（suī），後世沿用。

156.繼

繼，金文作，小篆作。

以連綴二束絲會意，“繼”的初文。本義是接續，引申爲隨後、繼承、接濟等義。銘文用繼續義。提示：金文字形中的二短横是省文符號，代表一個。其實，也可以看成是甲骨文“絲”字的繁體，是“絲”字的簡體。

楚簡帛文作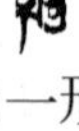，但此二字學者或讀爲“絶”，禤健聰認爲“繼”與“絶”本由一形任之。

157.家

家，甲骨文作，金文作，《説文》古文作，小篆作。

甲骨文第一字形从宀从，是標示有生殖器的豕，與常見字形有異，表示是公猪，當即“豭”的初文，則“家”以室中有豭會意，豭亦聲。或从豕，不强調公猪，後世沿襲。本義是居所，引申爲家庭、家族、家室、家産等義，又指大夫封邑。卜辭或指家族，或指宗廟。銘文或用家族、家庭義，或指王室，或指卿與大夫的領地。又或用作人名。提示：何九盈用漢字文化學的觀點解釋説，在母系社會，男子無家，祇有女子有家，女子稱夜晚來宿的男子爲“豭”，故“豭”即“家”。至父系社會，男性寄豭制度結束，男子開始有家，女子轉而爲出嫁，出嫁始有“家”，“豭”的含義遂漸泯滅。録以備考。又，古今語言資料中常常可以見到一些因字形而蒙蔽本真的例子，比如漢代人班昭入宫後人稱“曹大家”，“家”實爲“姑”。六朝人稱嫡母爲“家家”，實爲“姑姑”。《敦煌變文》“家翁”，實爲“姑翁”，即今婆婆公公。又比如“楊各莊”，凡是“各莊”前冠以姓的地名，其中的“各”實際都是在“家”的讀音變成gè以後，爲了密合gè的讀音，就借用“各”字代表“家”的音義，學者把這種語言現象稱爲語轉、一聲之轉，也叫音轉字異。如果膠執於字形去探討詞義，那必然不得正解。文字的功用可由上述數例得到啓發。

楚簡帛文作，“宀”多作“人”形，又多从爫，楚金文有，《古文字譜系疏證》單列“豪”字頭，以爲是“家”的

繁構，从⺳無義。秦簡牘文作，篆隸雜糅，古隸典型。

158.夾

夾，甲骨文作，金文作，小篆作。

舊解以爲象一人夾持二人，本義是夾持。裘錫圭說，古者畫圖往往令尊者大於卑者，“夾”字正象二小人扶持一大人，故推知“夾”字應解爲二卑者在左右扶持一位尊者，會從旁夾輔、輔佐之意，引申爲夾持、挾持、夾住、夾雜等義。卜辭或用作地名。銘文或用輔佐義，或用作人名。

楚簡帛文作，沿襲古體。秦簡牘文作，篆勢猶存。

159.賈

賈，甲骨文作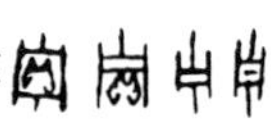，金文作，小篆作。

从宁（zhù）从貝，“宁”是古“貯”字，初文作“”，是儲存物品的器具，象形。劉翔說是以“貝”表意，所謂的“宁”形可能是當時商賈活動的標志，銘文與“賈”通用。“賈”从宁从貝，可能會聚財或儲貨坐賣之意。有學者認爲“賈”是“宁”的增形分化字。文獻多特指坐商。又有買進、求取、招惹、販賣等義。又讀如“價”。卜辭或用爲人名、方國名，又或用作祭祀對象。銘文或指商賈，或讀“價”，或用作方國名。提示：本字條“賈”字今音大多應讀gǔ，但jiǎ音仍爲一般讀者所習見、習用，爲便一般讀者查檢，故按照jiǎ音排序。

楚簡帛文作，沿襲古體。秦簡牘文作，古隸典型，形近今體。

160.間

間（閒），金文作，《説文》古文作，小篆作。

西周晚期字形以門裏見月會縫隙之意，戰國時期或从門，刖聲。又或以“日”爲意符寫作“間”，則“閒”“間”爲古今異體字，而一般則認爲“間”是“閒”的俗體字。本義是指空間意義上的縫隙、間隙，引申爲參與、就近、隔閡、離間、間諜等義，今音jiàn。又引申爲中間、空間義，今音jiān。又引申指時間意義上的間隙即空閒、閒暇義，今音xián。而表示空閒、閒暇意義的字又常常借用表示門柵欄的“閑”來表示。字書又説“閑”通“嫻”，熟悉、文靜、嫻雅之義，實際“閑”“嫻”音義俱通，可以視爲同源孳乳。“間”又孳乳爲“澗”。在現代漢語中，“閒”已廢而不用，“閒”的間隙、空間意義由“間”字承擔，讀jiàn或jiān。“閒”的閒暇意義由“閑”承擔，讀xián。“閒”在銘文中或用間隔、間距、中間、使者等義，或用作人名。

楚簡帛文作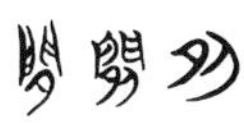，或沿襲古體，或作簡省。秦簡牘文作，古隸典型。

161.監

監，甲骨文作，金文作，《説文》古文

作，小篆作。

象人俯首面對盛水的器皿作觀察之狀，“鑒”的初文。其動詞義是以水自照，名詞義則是指用以自照的器物。後或增“金”爲意符，字作“鑑”，漢代銅鏡銘文作“鏡”或“竟”。以六書分析甲骨文，當是从見从皿會意。金文“皿”中或有水，於義尤顯，而“見”字的“目”與人身形已經分離，但从臣（豎目）从人从皿，尚能理解。由水鑒自照引申爲借鑒義。由俯身下看引申爲以上層身份視察下層，即監臨、監察、監測等義。轉而又用作職官名或官府名，義皆相因。今音有二讀。卜辭或用監察義，或用作地名。銘文或用視察、監察義，或用作職官名，或指水器。提示：注意金文“監”字的寫法，表示有水可以用小圓圈或横點，也可以省去。人形的位置有一定隨意性。金文第五字形中的“目”寫作“臣”形，這是春秋時期的寫法。若據《説文》古文隸定則作“警”，訛變从言，見《字彙》。

楚簡帛文作，沿襲古體。秦簡牘文作，古隸典型。

162.見

見，甲骨文作，金文作，小篆作。

裘錫圭認爲，甲骨文及西周金文“見”字从屈身之人，而从直立之人者則應讀爲“視”。“見”側重於看見，文獻多用看見、見解之義。“見”又有拜見、出現義，即被看見，此義後世造“現”字表示。卜辭多用覲見、進獻義。銘文或表被動，或用作覲見義。

楚簡帛文作，沿襲古體。秦簡牘文作，古隸典型。參見307.視字條。

163.疆

疆，甲骨文作，金文作（摹本），小篆作，或體作。

甲骨文寫作兩個“田”字。金文第一字形沿襲甲骨文字形，第二、三字形在“田”中或上中下增横綫，明顯是表示田界，隸定作“畺”，是“疆”的初文。金文第四字形从弓，畺聲，隸定作“彊”。《説文》解釋“彊”的意思是“弓有力”，説明“彊”字是以弓有力表示强大有力，是“强大”之“强”的本字。因“彊”與“畺”形音俱近，故在表示弓有力的“彊”字上增意符“土”或“𨸏”表示疆土。本義是田界，引申爲疆域、領域、邊陲等義。文獻或讀爲“强”。卜辭用作地名。銘文或用田界、疆土、邊際等義。

楚簡帛文作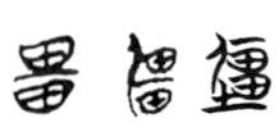，細味三體，或省“弓”，或省“土”。“弓”訛近“人”。

164.降

降，甲骨文作金文作，小篆作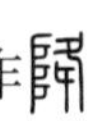。

从𨸏从方向朝下的二“止”會意。意符“𨸏”的本義是高坡，甲骨文作，隸定作“𠂤”，後世作“阜”。“降”字从阜从方向朝下的二“止”表示由高而下。金文第二字形增“土”作意符，與从阜叠加繁化，後世不用。第三字形增“止”作意符，與从二

“止”也是叠加繁化，後世亦遭淘汰。二字的命運鮮明地體現了漢字在使用過程中的優選原則。“降”的本義是自高處向下走，引申爲降臨、降落、貶低、減退、流竄等義，又由降臨、降落義引申爲誕生、賜予等義。卜辭、銘文多用本義。

楚簡帛文作，古意猶存。秦簡牘文作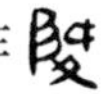，古隸典型。參見474.陟字條。

165.教

教，甲骨文作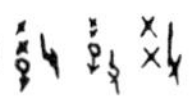，金文作，《説文》古文作，小篆作。

甲骨文以“爻”爲聲符，以“攴”作意符表示動作。“爻”下或从子，則似會教子之意，隸定作“斆”。卜辭或用作地名、人名。銘文或通“效”，或用作人名。“教”與“學”義本相因，故一字或兼教、學二義，後别爲二字，古代訓詁學家把這種語言現象説成“受、授同辭”。

楚簡帛文作，沿襲古體。秦簡牘文作，古隸典型。參見399.學字條。

166.解

解，甲骨文作，金文作，小篆作。

甲骨文从牛而以雙手持角，表示割下牛角。金文或與甲骨文同，或从角从牛从殳，“殳”表示動作。或从角从牛从刃，“刃”表示所用器械。本義是剖開、分解，引申爲分裂、離散、排解、免除、脱落、開放、曉悟、解釋、辯解等義。卜辭辭殘，用義不明。銘文或讀如“懈”，“解開”與“鬆懈”意義相通，後世增“心”爲意符，同源孳乳。又或用作氏族名。

楚簡帛文作，篆勢爲主。秦簡牘文，篆意猶存，古隸典型。

167.戒

戒，甲骨文作，金文作（摹本），小篆作。

甲骨文从廾从戈，金文或增二短横作裝飾符號。“戒”字以雙手持戈會意，本義是警戒，引申爲告誡、命令、齋戒、戒除等義。需要注意的是，古文字中的“廾”和“艸”形近，要仔細區别。卜辭或用作人名。銘文或用本義，或用作人名。

楚簡帛文作，沿襲古體。秦簡牘文作，古隸典型。

168.斤

斤，甲骨文作，金文作，小篆作。

甲骨文象形。本義是一種砍伐工具，李家浩引王筠説以爲即今天所説的錛。卜辭用法不明。銘文或用作重量單位，或用作地名、人名。

楚簡帛文作，沿襲古體。秦簡牘文作，古隸典型。

169.今

今，甲骨文作，金文作，小篆作。

裘錫圭説，甲骨文字形是倒置的“曰”字，表示閉口不言，是“噤”的初文，或隸定作“吟”，與呻吟之“吟”爲同形字。文獻假借爲古今之“今”。卜辭、銘文多表示古今之“今”。提示：裘解“今”字説“大概是”，蓋爲嚴謹。“口”上加短横表示口説，是“曰”字。而把“曰”字倒置，即在倒置的“口”下加一短横表示不説，是“今”字。爲避與古今之“今”同，增意符“口”作“吟”。又避與呻吟之“吟”同，改聲符作“噤”，皆體現了古人造字智慧、用字智慧。進而論之，沈兼士認爲，聲符爲“今”或“禁”之字多有“含蘊”的意義，這又是對漢語、漢字更深層次的考察。由此知漢語文化、漢字文化之博大精深，遠遠超過世人的想像，亟待深入探討。

楚簡帛文作，爲古形之變。秦簡牘文作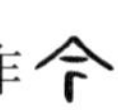，古隸典型。參見455.曰字條。

170.金

金，甲骨文作，金文作，《説文》古文作，小篆作。

黄天樹説，甲骨文从火，今聲。金文第一字形象形，象兩個金屬坯塊，是青銅器的原料，早期寫成塊狀，也隸定作“吕”，春秋晚期的金文作，隸定作“鋁”，與現代表示化學元素的“鋁”并

非一事。第二字形最能代表構形意義，从吕从士，今聲。“士”是青銅器斧鉞的象形，這裏代表青銅製品。“士”上是聲符“今”，與“士”連爲一體。最後一形是戰國楚系字形，最見浪漫。提示：季旭昇説，或是“鉼”字初文，用爲“冰”字的聲符，録以備考。“金”在卜辭、銘文中指青銅原料，在早期文獻中多指金屬，後世特指黄金。

楚簡帛文作，沿襲古體，或略訛變。秦簡牘文作，古意猶存。

171.進

進，甲骨文作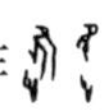，金文作，小篆作。

會意字。甲骨文从止从隹，可能表示鳥飛向前。金文从辵，从辵與从止表意相同。本義是前行，引申爲進獻、舉薦、引進、提升、接近、進入等義。卜辭用進獻義。銘文或用舉薦義。

楚簡帛文作，沿襲古體。

172.京

京，甲骨文作，金文作，小篆作。

“京”字象高大建築之形，因而有高大義，故分化爲“高”字。古民多穴居，高大建築乃王者所居，故王城曰京。又引申爲都邑、高丘等義。又引申有大義，故十兆爲京。卜辭或用高丘義，或用作地名。銘文或用高大義，或用作地名、氏族名等。

楚簡帛文作，沿襲古體。參見101.高字條、177.就字條。

173.經

經，金文作，《説文》古文作，小篆作。

初文从壬，林義光認爲“壬”即“縢”（shèng）之初文。《説文》：“縢，機持經者。”亦名“筘”（kòu），是織布機上的機件，經綫從其齒間通過。“巠”的字形象“壬”上有縱綫，後世增“糸”爲意符作“經”。“壬”後世作“紝”。本義指織布機上的縱綫或表示以壬紡織，引申爲治理、度量、法則、經歷、經受、經脈等義。銘文或用奉行、經營、效法等義。

楚簡帛文作，沿襲古體。秦簡牘文作，篆勢猶存，古隸典型。參見216.亂字條。

174.井

井，甲骨文作，金文作，小篆作。

象水井四周圍欄，後世或增點爲飾筆。本義是水井，引申指人口聚集處。又由圍欄引申爲法度之義，後分化爲“刑”“型”，但所从之“井”中間不加點。又由水井分化出陷阱之“阱”。卜辭、銘文或用作方國名、地名，後世作“邢”。銘文又或讀如“型”，有法度、效法等義。或讀如“刑”，有刑罰、懲治等義。

楚簡帛文作，秦簡牘文作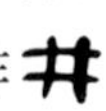，歷代字形變化極小。

175.敬

敬，金文作，小篆作。

初文作“茍”而無“口”，“口”是裝飾符號或分化符號。構形意義不明。基本義是嚴肅、謹慎，引申爲恭敬義，“敬”的初文。或增意符“攴”，當讀如“警”。銘文或用上述諸義。提示：初文“茍”今音jì，與从草頭之“苟”音義不相涉，後世訛變混一，故文字形體之變或有理，或無理，唯研究者當尋繹源流，明演進之道，知變易之由，探求演變軌迹及其規律，對識字、明義、正字、語言規範必大有裨益。

楚簡帛文作，沿襲古體。秦簡牘文作，古隸典型。

176.競

競，甲骨文作，金文作（摹本），小篆作。

甲骨文象頭戴裝飾的二人并列或前後相隨，頭戴裝飾或是古俗，或是奴僕標志。本義是相逐、競爭。卜辭或用作祭名、人名或祭祀動詞。銘文或讀如“强”，或讀如“境”。

楚簡帛文作，沿襲古體。

177.就

就，甲骨文作，金文作，《説文》籀文作，小篆作。

何琳儀以爲初文从京从亯會意，“京”是高大建築，“亯”即後世之“享”。从京从享，會高處祭享之意。金文第四字形增“止”作意符，表意尤顯。本義是向高處走、前往，引申爲走近、成功、造詣、就任、因襲、依從等義，又用作副詞、連詞。卜辭或用作人名、地名。銘文或用前往、成功義，或用作人名。

楚簡帛文作，前二字形實爲金文第三、四字形的“行草化”，第三字形叠加意符“彳”。秦簡牘文作，古隸典型。參見101.高字條、172.京字條。

178.矩

矩，金文作，小篆作，或體作。

金文第一、二字形象一人以手持“工”，“工”可能是矩尺的象形。人形一作“夫”，一作“大”，从夫與从人形之“大”表意相同。第三、四字形“工”與“大”或“夫”分離，手形與“工”粘合爲“巨”，故第五、六、七字省形作“巨”。後世“夫”訛變爲“矢”而成“矩”，沿用至今。“巨”是“矩”的省形字，《新金文編》收入“巨”字下。本義是矩尺，引申爲規矩等義。銘文或用作方國名、人名。

楚簡帛文作，秦簡牘文作，皆沿襲古體而用省形。參見108.工字條。

179.具

具，甲骨文作，金文作，小篆作。

甲骨文从鼎从廾，“鼎”是古代食器，雙手持鼎表示置辦食物，會意字。“鼎”或簡化爲“貝”形，又演變爲“目”形。本義是置辦。卜辭或用本義。銘文或用以表示器具單位，“一具”猶言“一套”。或指器具，或用作人名。又或讀“俱”。

楚簡帛文作，沿襲古體。秦簡牘文作，古隸典型。

180.懼

懼，金文作，《説文》古文作，小篆作。

从心，瞿聲。瞿，从隹从䀠，䀠亦聲。“䀠”字的初文當即字，用雙目圓瞪的恐懼狀態表示意義。《説文》訓爲“左右視”。本義是恐懼，引申爲恐嚇、擔心等義。銘文用擔心義。

楚簡帛文作，一簡一繁，簡體與《説文》古文相同，从心，䀠聲，字形簡明，結構合理，但大概因爲聲符字比較生僻而遭淘汰。繁體所从之“心”與“瞿”字所从的“隹”粘合，可能因爲結構不够合理而遭淘汰。秦簡牘文作，古隸典型。所从之“心”移至左側，形聲明確，結構合理，故後世沿襲。

181.絶

絶，金文作（摹本），《説文》古文作，小篆作。

戰國金文作以刀割斷二絲之形。《説文》古文所从刀形誤斷，非是。本義是割斷，引申爲中斷、横越、停止、抛棄、免除、滅絶等義。銘文用斷絶義。

楚簡帛文作，或同金文，“刀”或省形。秦簡牘文作，與小篆同，从刀从糸，卪聲。古隸典型。

182.爵

爵，甲骨文作，金文作，《説文》古文作，小篆作。

初文象形，或增从又，這在表示器物的象形字中多見，大概是表示可以用手把持，但無區别意義的作用。本義是古代酒具，又用作爵位之“爵”。卜辭或用本義，或用作人名、地名。或疑用作爵位名，義爲以爵位加於人。銘文用本義。

楚簡帛文或作，从斗，少聲，新造字，與“爵”的原來字形無關，或以爲是“瓚”字。秦簡牘文作，古隸典型。

183.均

均，金文作，小篆作。

从土从匀，匀亦聲，形聲兼會意。聲符或作“旬”，“旬”亦从匀聲。本義是平匀土地，引申爲泛指平匀，又引申爲普遍、等同、調節等義。或通“畇”即“耘”，治田。銘文或用協和義。

楚簡帛文作，沿襲古體。秦簡牘文作，成左右結構，古隸典型。

184.君

君，甲骨文作，金文作，《説文》古文作，小篆作。

甲骨文上部字形中的一竪和都代表筆，合體表示从又持筆，即以手持筆，字形可以隸定作“尹”。“尹”的下部从口，“口”可能是裝飾符號，也可能因其發號施令，故从口，可知“君”是“尹”的分化。卜辭“君”“尹”同用。卜辭或用作邦君義。銘文或用以稱諸侯、方國首領、周王后妃、宗婦、丈夫，或指稱官員。晚期始用爲君臣之君，後乃用以稱帝王。提示：甲骨文上部从又持筆的字形也可以隸定作“聿”，“聿”即古“筆”字，可知“聿”與“尹”亦一字分化。

楚簡帛文作，沿襲古體。秦簡牘文作，古隸典型。參見428.尹字條。

185.康

康，甲骨文作，金文作，小篆作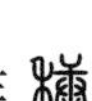，或體作。《説文》以來一般都認爲是“糠”的初文，異體作“穅”，《新

金文編》收入“穅”字條下，則本義是穀皮。郭沫若說，“康”字从庚，“庚”亦聲，本義當爲和樂。今考甲骨文或讀“庚”，而銘文或用和樂、安逸等義。銘文又有“康”上从宀之字，其義同“康”。而甲骨文“康”字从庚，下加數個小點，“庚”亦聲，因疑“庚”或即鐘類樂器的象形，加小點表示其聲悠揚。此說如可成立，則本義當是樂聲和悦，引申後用於泛指。文獻多用安樂、安定、安逸、安靜、富足、健康、光大、空虛、褒揚、扶持等義。或通“庚”“糠”。卜辭或作人名用字，文獻作“庚”。銘文或用和諧、康樂、長久等義，或用作人名。銘文“康王”指周成王之子，名釗。“康侯”指武王之弟，名封。“康宮”指康王之廟。

楚簡帛文作，秦簡牘文作，二體皆略有訛變。

186.亢

亢，甲骨文作，金文作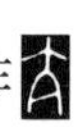，小篆作，或體作。

在人形的胯下位置加斜橫，即在“大”字中間加指事符號，何琳儀說表示遮攔之義，本義是遮攔，引申爲庇護、强硬、高傲等義，音義或與“抗”通。卜辭用作人名。銘文或用作氏族名、人名，或通“黄”。

楚簡帛文作，下增飾筆。秦簡牘文作，古隸典型。

187.克

克，甲骨文作，金文作，《說文》古文作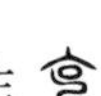

，小篆作。

或説从由从皮省，或説从由从肩省，“由”象頭盔或人戴頭盔，下象肩有所負。構形意義難以確定。其基本義是戰勝、能够，卜辭、銘文除用作人名外，正用此二義。

楚簡帛文作，沿襲古體而有訛變。

188.孔

孔，金文作，小篆作。

解者或説象小兒吮乳形。今考甲骨文“乳”字作，字从母擁子狀，而以短横示意乳房，子則張口向乳，其母親哺乳、小兒吮乳之狀惟妙惟肖。如此，則可視“孔”爲“乳”的省形。林義光説，“孔”是乳穴，字形以短斜綫指示爲小兒吸吮之處。《金文形義通解》則以爲在“子”的頭部外廓加指事符號表示小兒頭大，本義是頭大或抽象意義的“大”，録之備考。“孔”的基本義是空穴，引申有門徑、通達、空闊、深遠、盛大、美好等義。銘文或用盛大、美好義，或用作人名。

楚簡帛文作，或作，指事符號下移。秦簡牘文作，古隸典型。參見277.乳字條。

189.恐

恐，金文作，《説文》古文作，小篆作。

金文从心，工聲。小篆字形从心，巩聲。“巩”字从丮，工聲，銘文或讀“巩”爲鞏固之“鞏”。“恐”的本義是恐懼，引申爲擔心、恐嚇等義。銘文或用擔心義。

楚簡帛文作，沿襲古體。秦簡牘文作，古隸典型。

190.口

口，甲骨文作，金文作，小篆作。

象張口之形，本義是人之口，引申爲泛稱。卜辭或用本義。銘文或用作人名。提示：在古文字體系中，“口”作爲意符構形，其含義一般與寫作圓形及封閉方形者不同，應留意區别。

楚簡帛文作，沿襲古體。秦簡牘文作，古隸典型。

191.寇

寇，金文作，小篆作。

金文从宀从元从攴會意，表示有人入室對主人施暴。“元”象人而突出頭部，本義是人頭。“攴”象手持棍棒，表示擊打。从宀表示在室中。第三字形从戈，从戈與从攴表意相同。本義或指施暴、劫掠、侵犯，用爲名詞則爲賊寇。古有司寇掌管刑獄、糾察。銘文或用强取義。提示：《新甲骨文編（增訂本）》“寇”字條下收等字形，在卜辭中或用作地名，或表示某種身份名稱，辭例有“多寇”“五百寇”等，具體含義不明。字形局部與金文相近，構形意義不能確定，録此以待達者。又，從字形看，从宀與从冖很難辨别，故“寇”“冠”或相混。

楚簡帛文作，从宀从元从戈，沿襲金文第三字形。秦簡牘文作，或从冖，或从宀。

192.來

來，甲骨文作，金文作，小篆作。

爲“麥”之本字，象麥之形。卜辭、銘文及後世文獻多假借爲往來之“來”。爲求義顯，後世或加“辵”爲意符表示行爲，變成了形聲字。又别造“𪎩”“秾”字以表本義，本義遂廢而不傳。

楚簡帛文作，增“辵”爲意符。秦簡牘文作，古隸典型。參見221.麥字條。

193.牢

牢，甲骨文作，金文作，小篆作。

牲畜之圈，外爲欄，内爲牲，或从牛，或从羊，後世統一从牛。“牢”的本義是飼養牛羊牲畜的圈欄，引申爲監獄、牢固等義。卜辭指圈養以供祭祀之用的牲畜，所以姚孝遂認爲，經過特殊圈養之後作爲祭牲的牛羊稱爲“牢”“宰”。古代祭祀分太牢、少牢，也寫作大牢、小牢。通常的解釋是太牢用牛，少牢用羊、豬。裘錫圭説，其初“宰”或讀“少牢”，後來成爲“牢”的異體。有趣的是，金文“太牢”的合文作，堪稱一絶，而類似的合文在卜辭裏多見，也稱得上是古人的一大創造。提示：金文末字字形取自《新見金文字編》，字形以一長横表示封閉圈欄。此字形發現很晚，但爲小篆和秦簡牘文字形的來源提供了唯一可靠的證據。不過這個字形後遭淘汰，分析原因，當是因爲原字的圈欄形不便書寫，所以戰國文字或依甲骨文第三字形改从宀，而从宀之字，即使兩側竪畫延長，其底部也不便加横封閉，故後世不用，可知文字生命的壽夭必有緣由。

楚簡帛文作，从宀从牛。秦簡牘文作，沿襲金文一體，與小篆同。

194.老

老，甲骨文作，金文作，小篆作。

初文象長髮上竪、曲背拄杖老人，與“考”本爲一字。後世杖形演化爲匕形者爲“老”，金文或从“止”，“止”即杖形的訛變。而杖形演化爲丂形者爲“考”，并以“丂”作聲符，金文作。“老”的本義是指老人或表示年老之義。卜辭或用作職官名。銘文或用長壽、死去的父親等義，或讀“考”。又或用作人名。銘文“考壽”義爲長壽。

楚簡帛文作，沿襲古體。秦簡牘文作，古隸典型。參見384.孝字條。

195.雷

雷，甲骨文作，金文作，《説文》籀文作，《説文》古文作，小篆作。

會意字。以曲綫表示閃電，以點、圈、田形表示雷聲。初文有電閃雷鳴之象，後增“雨”作意符，并逐步簡化爲“雷”。其名詞義是雷聲，動詞義是打雷，形容詞義則比喻迅速。卜辭或用本義，又或用作地名、人名。銘文多借用作“儡”，又或用作人名、馬名。

楚簡帛文作，沿襲古體。秦簡牘文作，沿襲古形而以古隸出之。

196.里

里，金文作，小篆作。

从田从土會意，指民之居住地，引申爲故里、鄰里。又引申爲居民組織單位，又或用爲長度單位。銘文或用作居民組織單位、長度單位，或通“裹”。提示：文獻或通“裹”“理”“瘇”，若今世沿用通假之例，概以“里”代之，則自亂系統，有礙公器之用，有違語言文字的規範原則。

楚簡帛文作，猶存篆意。秦簡牘文作，古隸典型，已近今體。參見197.裹字條。

197.裹

裹，金文作，小篆作。

从衣，里聲，本義是衣服的内層或物體的内層，引申用以表示抽象意義的内部、裹面。異體作“裡”，左右結構。漢字簡化後與“里”字合一，恢復繁體時應加以區別。銘文或用本義。

楚簡帛文作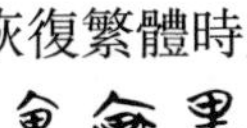，沿襲古體，或有省筆。秦簡牘文作

，古隸典型。

198.禮

禮（豊），甲骨文作，金文作，《說文》古文作，小篆作，又有。

初文从壴从玨。“壴”即“鼓”，“玨”即二“玉”，林澐認爲，古代重大禮事多用鼓用玉，故以玉鼓之形表示“禮”的概念。卜辭或讀“醴”。銘文或用典禮義。或讀“醴”，一種甜酒。或用作人名。提示：《新甲骨文編（增訂本）》說，卜辭用“豊”爲“禮”，字形收在“豊”字條下。

楚簡帛文作，沿襲古體，或有訛變。秦簡牘文作，古隸典型。參見088.豐字條。

199.力

力，甲骨文作，金文作（摹本），小篆作。

一般認爲，“力”是由挖掘植物或用以點種的鋭頭木棒發展而成的一種發土農具，字形中的短畫表示脚踏用的横木。把“力”底部的尖鋭部分加寬爲刃形就成了“耜”。後世又在加寬的木刃上加上金屬套，這就是戰國、秦漢時代常用的“臿”（即“鍤”），“臿”“鍤”“插”三字同源。裘錫圭説，作爲構形意符，“力”“耒”可以通用，但形制原本不同：“力”“耜”“臿”自成一系，皆爲獨刃鋭頭，而“耒”則是一種底部分叉的發土農具。文獻借農具之“力”用作力量之“力”。卜辭或讀“加”，義同“嘉”。銘文或解爲力量之“力”。

楚簡帛文作，沿襲古體而略變其形。秦簡牘文作，古意猶存。

200.立

立，甲骨文作，金文作，小篆作。

象人站立於地，有人稱爲合體象形。本義是站立，引申爲建立、設立、制定、確立等義。人站立則占位，占位即是涖臨，音義相因相成，故“立”“位”“莅”（涖）古多通用。卜辭或用樹立義。或讀“涖”，“立事”即後世之“涖事”，主持政事。銘文或用站立義。或讀“位”，義爲站立之處或地位。或讀“涖”，涖臨。

楚簡帛文作，猶存篆意。秦簡牘文作，以隸爲主。參見019.並字條。

201.利

利，甲骨文作，金文作，《説文》古文作，小篆作。

从刀从禾，意爲以刀割禾。或从勿，“勿”是“刎”的初文，从刀與从勿表意相同。劉釗説“勿”是聲符，則是由意符聲化而兼用。“利”的本義是鋒利，引申爲順利、吉利、利益等義。卜辭、銘文或用吉利、順利、有利等義。

楚簡帛文作，沿襲古體。秦簡牘文作，古隸典型。

202.鬲

鬲，甲骨文作，金文作，小篆作，或體作。

象形，古代炊具，圓口，似鼎，三足而上部中空，其下點火以蒸煮食物。金文或增“鼎”爲意符，表示是食器。後世或增“瓦”作意符，字作“䰛”，“鬲”遂兼爲聲符。聲符或易爲“厤”，字作“䰜”。金文所从或作“羊”字形，當是因爲書寫肢解象形所致。卜辭或用本義，或用作人名。銘文多用本義，或指奴隸，或用作人名，或通“歷”。

楚簡帛文作，增臼作意符。

203.麗

麗，甲骨文作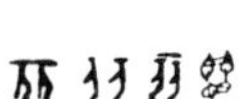，金文作，《說文》古文作，小篆作，或體作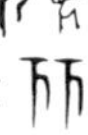。

甲骨文簡體作二人并列，人形上或加一横，後演變爲，隸定作“丽”。據複雜字形隸定則爲“麗”，當是整體表意字，象生有一對大角的鹿類動物。後角形聲化爲“丽”。本義當是表示結伴而行，由結伴而行，引申爲成對、并列、附着、匹配等義。文獻或用遭遇義，則是通“罹”。或用經過義，則是通“歷”。後世增“人”作意符用作伉儷之“儷”，則是“麗”的分化字。卜辭

"丽"用爲偕、并等義。銘文或用作人名。

楚簡帛文作，已見訛變。秦簡牘文作，沿襲古體，略有訛變。

204.聯

聯，甲骨文作，金文作，小篆作。

甲骨文从耳从幺會意，从耳的含義不能確定，或疑爲耳部聯珠一類裝飾品。"聯"的本義是連綿、相連。卜辭或用本義。銘文或用作人名。又或疑讀"珥"，一種祭祀用品。戰國文字或作，堪稱美構。

楚簡帛文作，沿襲金文而形有訛變。

205.良

良，甲骨文作，金文作（摹本），《説文》古文作，小篆作。

徐中舒説，甲骨文象古人穴居處的走廊，是"廊"的初文。有人以爲是水梁之"梁"，中爲梁，上下爲水形。據甲骨文第三字形及金文字形可知後世以"亡"作聲符。其基本義是良好、善良等。卜辭或用爲人名、地名。銘文或用良好、美善義。

楚簡帛文作，多有訛變。秦簡牘文作，古隸典型。

206.兩

兩，金文作，小篆作。

甲骨文“車”字或作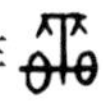，“兩”象其上部車衡縛雙軛之形，金文“兩”當是“輛”的初文，後增“車”爲意符作“輛”，“兩”則專用爲雙、對、偶、二等義。又孳乳爲“緉”“裲”，一雙鞋曰緉，兩股繩亦曰緉。“裲”即緉襠衫，言前後兩當（兩擋）。“兩”在銘文中或用作車輛單位。或表示一對，即兩個。

楚簡帛文作，末字可能是變其字形爲“羊”而作聲符，也可能是雜糅金文字形產生的訛變。秦簡牘文作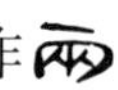，古隸典型。

207.林

林，甲骨文作，金文作，小篆作。

从二“木”會意，表示成片樹木，引申指聚集在一起的許多人或事物。卜辭或用作方國名。銘文或用本義，或用爲人名。

楚簡帛文作，秦簡牘文作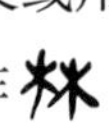，古今字形變化極小。

208.臨

臨，甲骨文作，金文作，小篆作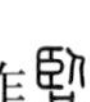。

甲骨文第二字形表意明顯，左側从水，右側爲一人俯身張目向下觀看之形，謝明文認爲，當是表示人臨近水邊而從上往下觀看之義。金文“人”與“目”多分離，竪“目”又寫作“臣”字形，水形也有較大訛變，以致後人誤解爲从“品”。本義是從上往下觀看，引申爲尊者居上治下、尊者來到卑者之處等義，又引申爲監臨、蒞臨、監視等義。銘文用監臨、蒞臨義。

楚簡帛文作，沿襲古體。秦簡牘文作，古隸典型。

209.稟

稟（亩），甲骨文作，金文作（摹本），小篆作，或體作。

甲骨文象倉稟之形，上爲倉頂，或增从宀，表示房舍。金文增“米”或“禾”爲意符，米形、禾形後世與“示”形相混。據小篆隸定作“亩”。小篆或體增从广（yǎn），一般認爲，“广”是一種比宀簡陋的建築，从广表意與从宀表意相同，隸定作“廩”，據此則知“亩”“稟”“廩”爲一字。本義是糧倉，引申爲儲藏、聚積、容納、供給、賜予等義。卜辭或用爲地名。糧倉具有儲存功能，故銘文或用容納義。

楚簡帛文作，上部“亩”與“爾”易混，下从二“禾”。秦簡牘文作，上部“亩”形略訛。

210.靈

靈，金文作（摹本），小篆作，或體作。

金文从霝从示，霝亦聲。還有一種字形从龜从火，當與灼龜甲占卜有關。《新甲骨文編（增訂本）》無“靈”字，“霝”下收，金文“霝”作，字从雨，“雨”下作若干小點和二三口形，表示雨水零落而充沛，隸定作“霝”。後世多作“零”，从雨，令聲。銘文多以“霝”爲“靈”，多用美善、贊美之義，可能是因爲雨水零落而充沛，故引申有美善、福佑、靈驗、神靈等義。金文以“示”作意符，表意尤顯。戰國以後文字或增“玉”“巫”作意符，或是因爲古人以爲巫能通神靈，或説玉爲巫術所用之具。

楚簡帛文作，以“霝”爲“靈”，沿襲古體。秦簡牘文作，古隸典型。

211.令

令，甲骨文作，金文作，小篆作。

其下从卩，“卩”即屈膝之人，其上是倒置之“口”。合體表示給衆人下達命令。卜辭“令”“命”一字，“命”是“令”的分化字。銘文或用命令、任命、賞賜、壽命等義，或用作人名，或通“鈴”。

楚簡帛文作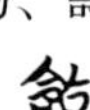，沿襲古體，或增二短横爲飾筆。或增“口”“攴”爲意符表明行爲，形聲兼會意。秦簡牘文作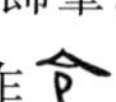，古隸典型。

212.龍

龍，甲骨文作，金文作，小篆作。

象形，傳説中的神異動物，具有帶角、巨口、長身等特點。

“口”形後世訛變作“肉”，今體從之。古人視龍爲神靈動物，因以喻天子或英才。文獻或通“壟”。卜辭或用爲方國名、水名等。銘文或指龍形物，或用作人名，或通“寵”。

楚簡帛文作，沿襲古體。秦簡牘文作，古隸典型。

213.魯

魯，甲骨文作，金文作，小篆作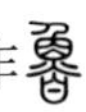。

“魚”的分化字，“口”爲分化符號，魚聲。或以爲从魚在“口”上會意。早期金文多从口，“口”增飾筆則作“甘”，無區别意義。本義是嘉美。卜辭或用本義，或用作祭名、方國名、人名。銘文或用本義，或用爲方國名。或讀“嘏”，福也。銘文“魯休”，同義複用，美善之義。或説“魯”古通“嘉”，故有嘉美之義。

楚簡帛文作，沿襲古體。

214.录

录，甲骨文作，金文作，小篆作。

李孝定説是“轆”的初文，隸定作“录”，後世增意符作“騄”，又换聲符作“轆”。古代汲水器，俗名轆轤，象形，下有滴水。卜辭或用爲地名，或讀爲“麓”。銘文多假借爲“禄”，又或通“麓”，或用爲職官名、方國名。

楚簡帛文作，沿襲古體。

215.陸

陸，甲骨文作，金文作，《説文》籀文作，小篆作。

初文从阜，圥（lù）聲，本義是高而平的土地。卜辭辭殘，用法不明。銘文或用作地名、氏族名。

楚簡帛文作，沿襲古體。秦簡牘文作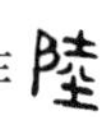，古隸風格，已近今體。

216.亂

亂，甲骨文作，金文作（摹本）（摹本），小篆作。

甲骨文字形是在“幺”（束絲）的上下各从一“又”，依金文字形推測，合體當是表示以手治絲，隸定作“𠄌”。楊樹達説，此構表示一手持絲，一手持互以收之。絲易亂，以互收之則有條不紊，故訓治、訓理。今按：楊説近是，唯“互”字説實誤。楊説之“互”即“笠”，是一種絞繩的工具。而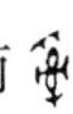字中間是横置的“壬”字，甲骨文、金文同形，作“工”或“工”，治絲工具。“壬”横貫“幺”，其上从爪，其下从又，合體正是表示治絲情景，堪稱精構。金文或繁化而从二幺，又增从四“口”，“又”或訛變作“止”。“亂”的本義是治理，古籍所謂“亂政”“亂臣”者，實爲治政、治臣。而所謂治者必因其亂，故又引申爲混亂、擾亂。學者稱此種語言現象爲“正反同辭”或“美惡不嫌同辭”。細加品味則自可理解，比如“置”的基本意義是放置，而“放置”可以有二解：如果原無而今有，則爲“設置”“安置”。如果原有而今無，則爲“廢棄”“擱置”，二義相反而實相因。卜辭用法不明。銘文或用治、亂二義。

楚簡帛文作，沿襲古體。秦簡牘文作，與小篆同，今體因之，古隸典型。參見173.經字條。

217.羅

羅，甲骨文作，金文作（摹本），小篆作。

甲骨文从网从隹會意，“隹”，鳥也。金文在甲骨文字形上增“糸”爲意符，成爲形聲字。本義是用以捕鳥獸的網，引申指網狀編織品。用作動詞表示包羅、搜尋、排列、遭遇等義。卜辭用法不明。銘文用作人名。提示：“羅”的構形作鳥在網中，或是表示用網捕鳥，但初義也當不以捕鳥爲限，至少可以理解爲用網來獵捕鳥獸或用以獵捕鳥獸的網，進而還可以引申爲獵捕或網羅等更寬泛的意義。以上情況體現了“字”作爲“詞”使用的語言價值。如果造一個字衹能表示一個很窄的詞義，造字也就無止無休，那是不可想象的。

楚簡帛文作，沿襲古體。秦簡牘文作，古隸典型。

218.旅

旅，甲骨文作，金文作，《説文》古文作，小篆作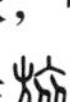。

甲骨文从㫃（yǎn），“㫃”當即“旂”的初文。“㫃”下从一“人”或二“人”。金文“㫃”下或从三“人”，或从二“人”，或从一“人”，或省“人”。或增“車”“辵”“廾”等爲意符，“車”表示車馬，其餘表示行爲動作。合體會意，表示衆人聚於旗下。本義是軍旅，引申爲衆多、陳列、次序、寄居等義。卜辭多用作本義。或用爲祭名，解者或説通“魯”。又或用作地名。銘文或用本義。或指道路，即“塗”。或通“玈”或“盧”，表示黑色。或借指彝器，泛稱。

楚簡帛文作，沿襲古體。秦簡牘文作，古隸典型。參見437.遊字條。

219.馬

馬，甲骨文，金文作，《説文》籀文作，《説文》古文作，小篆作。

象形。所列字形皆爲象形，但可以看出，早期象形與晚期象形已大不相同，而經過隸變、楷化以後，更是面目全非，由此知所謂象形乃是六書之象形，而非圖畫。卜辭、銘文或用本義。

楚簡帛文作，或説戰國文字中的二横是省形符號。秦簡牘文作，篆勢猶存，古隸典型。

220.買

買，甲骨文作，金文作，小篆作。

从网从貝，會網羅財物之意。本義或兼買進、賣出二義，从語詞産生的角度看，對一方而言是買，對另一方而言則是賣，而作爲商賈則往往既買又賣，故“買”“賣”音義相因，語出一源。卜辭或用作人名。銘文或用作方國名、人名。

秦簡牘文作，古意猶存，古隸典型。

221.麥

麥，甲骨文作，金文作，小篆作。

从夊（suī），來聲，隸定作“麥”。“夊”表示行走，故知“麥”字本是來去之“來”，後借用作麥名。卜辭或用本義。或用作麥名，五穀之一。或用作地名。銘文或用作麥名，或用作人名。

楚簡帛文作，增从意符“米”，形有訛變。秦簡牘文作，古隸典型。參見192.來字條。

222.冒

冒，甲骨文作，金文作，《説文》古文作，小篆作。

甲骨文从目，外象用物覆蓋之形，合體會蒙覆之意。金文从冃从目。“冃”亦爲覆蓋之形，或説即古“帽”字。帽子覆蓋頭部，故引申爲覆蓋、冒犯等義，而本義漸晦，故後世增“巾”爲意符造“帽”字表示本義。卜辭或讀如“霧”，意爲天氣昏暗。銘文或用作人名。

楚簡帛文作。秦簡牘文作，此亦“宀”“冖”混用之例。

223.眉

眉，甲骨文作，金文作，小篆作。

字从目，其上表示眉毛。文獻或通“昧”。卜辭或用作方國名、地名。或通“彌”，或説通“昧”。銘文或通“湄”。又偶見“眉壽”連用，“眉壽”即通常所見之“沬壽”，文獻多作“眉壽”。沈培認爲，“眉壽”即“彌壽”，“彌”義爲滿、終、盡。水邊猶眉在目邊，故孳乳爲“湄”，義爲水邊。

秦簡牘文作，以“目上須”會意。參見226.沬字條。

224.每

每，甲骨文作，金文作，小篆作。

“每”是“女”“母”的分化字。有人説象女子髮飾盛美，故有盛大、美麗之義。文獻多借用爲連詞、副詞。又或讀如“悔”“無”。卜辭或讀如“悔”。銘文或讀如“敏”“謀”。

楚簡帛文作，因襲古體。參見225.美字條。

225.美

美，甲骨文作，金文作，小篆作。

王獻唐説，以毛羽裝飾於女首者爲“每”，裝飾於男首者爲

“美”，皆以具象之形表示抽象之義，此説於甲骨文第一字形較爲切近，字中之“大”顯示是人形，人形的上部是頭飾。據此，所謂“羊大爲美”則難以成立。本指形美，引申泛指一切美麗、美好、美善。卜辭或用美善義，或用作方國名、人名。銘文或用美善義，或用作氏族名、人名。

楚簡帛文作 ，前一字形可隸定爲“岂”，甲骨文作  ，象人頭戴羽飾形，與“美”同字，僅有正面與側面的區别，後假借作“微”。第二形即“𢼸”字，《説文》訓爲“妙也”，又或增“頁”或“女”表意，皆後世之“媺”字。“媺”“美”音義同。秦簡牘文作 ，古隸典型。

226.沬

沬，甲骨文作 ，金文作 ，《説文》古文作 ，小篆作 。

甲骨文象人散髮俯身就皿雙手洗面之狀，羅振玉釋爲“沬”。金文繁體多从“臼”（jú）从倒皿从首从水，“臼”本是表示動作的雙手之形，寫在字形的上面一般隸定作“臼”。合體會意，表意最爲明確。其他字形則各有簡省，據之隸定則有“頮、湏、頮”等異體。甲骨文、金文皆爲會意字，據小篆字形隸定作“沬”，則是形聲字。金文字形或收在《新金文編》“沬”字下，或收在“頮”字下。“沬”今音二讀，一讀mèi，洗面意義讀huì。銘文“沬壽”連用，文獻多作“眉壽”，或説當讀“彌壽”，并爲長壽之義。參見223.眉字條。

227.門

門，甲骨文作，金文作，小篆作。

象形，本義是指房屋之門，引申爲門徑、門第、門類等義。卜辭多用本義，或用作地名。銘文或用本義，或用作動詞，進門或攻擊城門之義。

楚簡帛文作，沿襲古體。秦簡牘文作，古隸典型，已近今體。

228.面

面，甲骨文作，小篆作。

甲骨文从首，“首”外加斜綫表示面部輪廓，可視爲指事字。金文未見獨用單字，劉釗考“顔”字作，从面，彦聲，則即“面”，與甲骨文同構。本義是指面部，引申爲表面、方面、當面、見面、對着等義。又用作量詞。文獻或通“湎”，義爲沉湎。或通“偭”，義爲背對背。或通“勔”，義爲勉力。卜辭或疑爲用牲法，或疑用爲當面義。提示：漢字簡化以面部之“面”與麵條之“麵”合一爲“面”。

楚簡帛文作，上所从之“百”即“首”，下爲齒臼形，則似以齒臼襯托而會意，是利用原先的指事符號，順勢依據“齒”字字形的類化。秦簡牘文作，外包斜綫已近“口”（即“圍”）形，“口”形内或从百，或从目。參見308.首字條、404.顔字條、

043.齒字條。

229.廟

廟，金文作，《說文》古文作，小篆作。

从广（yǎn），朝聲，後世或作“苗”聲，如據《說文》古文隸定則作“庿”。“广”本指比宀簡單的建築，一般都用爲構形意符表示處所。聲符“朝”或兼含朝旦或朝拜之義。本義是供奉、祭祀先祖之所，即宗廟。引申指供奉神、佛或先賢之所，也指成套大型宮殿建築。銘文或用本義，或用作人名。

楚簡帛文作，或省或訛，或沿襲古體。秦簡牘文作，已近今體。

230.民

民，甲骨文作，金文作，《說文》古文作，小篆作。

甲骨文“目”字作，金文作，都是帶眼珠的眼睛的象形，今考甲骨文“民”象以銳物刺中眼珠之形，而金文則“目”中無珠，僅顯示一物刺入眼眶。郭沫若説，周人初以敵囚爲民，而以刺瞎一目作爲標記，故認爲古“民”字是“盲”的初文，實際應是“氓”的初文。從意義或語源上似約有兩端可説：一曰民之言氓（亦作“甿”，今音讀méng）也，“氓”是“民”的增聲符字，明確爲隸人，故周代用“氓”指稱居住在鄙野地區從事農業生産的奴隸，又用於賤稱。一曰民之言盲也，“盲”字从亡从目，亡亦聲，言其無目。“民”本指奴隸，後泛指民衆、人類。卜辭或指奴隸。銘文多泛指民衆。

楚簡帛文作，沿襲古體。秦簡牘文作，形有訛變。從“民”字演變看書法中的寫法，可知自有淵源。

231.皿

皿，甲骨文作，金文作，小篆作。

初文象形，金文第二字形增“金”作意符，説明是青銅器。古代食品用器，後世僅用於泛稱碗碟杯盤一類飲食用器。作爲構形意符，則大量用於表示器皿或意義相關的字，如“盤”“盂”“盞”“盅”“盃”等表示器皿名稱的字，還有“益”“監”等非關器皿名稱但造字構形涉及器皿的字。卜辭或讀如“猛”，銘文或讀如“盟”。提示：一個表示普通器物名稱的日常用字，用在正規的古文字文獻中却皆非關本義，這種語言現象對研究古文字和古文獻很有啓發意義。

232.名

名，甲骨文作，金文作，小篆作。

从夕从口會意，意思是夜晚彼此不能看見，故需各自口報其名。甲骨文所从之“口”偶作“甘”字形。金文第二字形是春秋晚期字形，从口从月，“夕”“月”本是一字，从月與从夕表意相同。本義當爲名稱或命名。由人及物，由實到虚，引申爲名目、名聲、著名、命名等義。卜辭或用作祭名或地名。銘文或用本義，或通“銘”。

提示：文獻“名”“命”多通用，王念孫認爲，二字古同聲同義。而“名”“命”之用或在於“明”。馬叙倫説“名”“明”爲一字，文獻中二字或通用。戴家祥説，“名”的初義當爲“明”。又，“名”有文字、著名等義，故鏤刻文字曰“銘”。“銘”是“名”的孳乳字，且隱含以“銘”記“名”而使之“明”等義。限於本書體例，不再申説。

楚簡帛文作，各有沿襲。秦簡牘文作，古隸風格，已近今體。

233.明

明，甲骨文作，金文作，《説文》古文作，小篆作。

基本字形从月从囧（jiǒng），但這裏的“囧”實際是指窗形。合體以月光照窗會意。甲骨文所从的窗形或作“田”字形，或作“日”字形。金文或从日从月，可以視爲新會意字，後世沿用。早期“明”字以月光照窗的明亮表示明晰、明白、明顯、明智、清明等義。文獻或通“萌”“盟”。卜辭“喪明”之“明”當指眼珠。銘文或用天明、顯明、賢明、修明、顯揚等義，或用作人名。

楚簡帛文作，沿襲古體。秦簡牘文作，“囧”形字内曲畫作二横，當是應書寫之便。

234.鳴

鳴，甲骨文作，金文作，小篆作。

因爲雞善鳴叫，故甲骨文在雞的形象旁邊加“口”表示鳴叫之義，後世雞的形象演變爲“鳥”字。偶見繁化从二“口”，可能是爲了强化表意性。本義是指鳥禽鳴叫的聲音，或泛指鳴叫或發出的聲響，又引申爲發出聲響、呼叫、言説、著名等義。提示：“鳴”字的造字法以及它在文獻中的應用，簡明、通俗而又充分地説明了古人的智慧。早期人類之智莫過於造字之智、用字之智。卜辭或用本義，或用發出聲響義，或用作地名、人名。銘文多特指鐘聲。

楚簡帛文作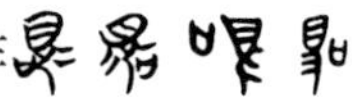，解散篆體。秦簡牘文作，古隸典型。

235.莫

莫，甲骨文作，金文作，小篆作。

甲骨文基本字形从日在茻（莽）中，隸定作“莫”，實爲古“暮”字。其他字形或从日在草下，或从日在林下，或从日在四“木”中，或从日在二“禾”中，又或增从鳥。據此多種字形分析，當是以日落草木叢中、飛鳥歸林會意，表示天色已晚，引申爲昏暗、時間將盡。文獻多借爲副詞，借用既久，爲求區别，後世增“日”爲意符造“暮”字表示本義。卜辭或用本義，或用作地名。銘文或用本義，或用作無定代詞，或用作人名、地名、氏族名，或讀“墓”。

楚簡帛文作，沿襲古體。秦簡牘文作，古隸典型。二體實爲一畫之别。

236.牧

牧，甲骨文作，金文作，小篆作。

基本字形从牛从攴，“牛”或作“羊”，表示放牧對象。“攴”表示以手持木杖，或説即“鞭”的初文，用作構形意符則表示鞭打的動作。或增意符“止”“彳”“辵”表示行走，合體會意，本義是放牧牛羊或放牧，引申用於治民則爲官守、統治。又引申爲牧民、牧場。卜辭或用本義。或用作職官名，主管祭祀用牲。銘文或用爲職官名。

楚簡帛文作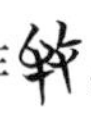，沿襲古體。秦簡牘文作，古隸典型。

237.男

男，甲骨文作，金文作，小篆作。

从田从力會意。“力”是耕作農具。以耕作於農田者指代成年男子，而持帚者則爲婦，或是根據時俗觀念造字。文獻多用作男性泛稱。又用作爵位名，居五爵之末。卜辭文殘，用法不明。銘文或指男子、兒子，或用作人名。

楚簡帛文作，沿襲古體。秦簡牘文作，古隸風格。參見199.力字條。

238.内

内，金文作，小篆作。

“内”與“入”是一字之分化，有人解爲从入从宀會意，入亦聲。文獻多用名詞義，與“外”相對。或用動詞義，表示收納或繳納等義，後世作“納”。銘文或用内部義。或用同“入”。或用同“納”，意爲“使進入”。或用作方國名，文獻作“芮”。

楚簡帛文作，戰國文字特徵。秦簡牘文作，古隸典型，已近今體。參見278.入字條。

239.能

能，甲骨文作，金文作，小篆作。

一般認爲“能”即古“熊”字，但文獻假借爲才能之“能”，引申爲勝任、擅長、能够、容許等義，後乃用“熊”字表示本義。卜辭或疑用本義。銘文或用勝任、才能義。或用作助動詞，表示可以、能够。或用作氏族名，文獻作“熊”。

楚簡帛文作，沿襲古體，或有簡省。秦簡牘文作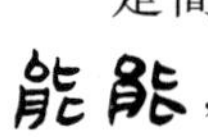，後者爲古隸典型。

240.年

年，甲骨文作，金文作，小篆作。

甲骨文从禾，人聲。或解爲以人負禾會意，“人”兼作聲符。金文或在“人”字中增點爲飾筆，點加長後即成“千”字而用作聲符。“千”下或又增一横作飾筆，遂與“千”字組成“壬”（tǐng）字形。本義是穀物成熟或莊稼收成，後引申爲年代、歲月、壽命等義。卜辭多用本義。銘文多用作年歲之“年”，或用年壽義。提示：“稔”（rěn）的本義指穀熟，又表示熟悉之“熟”。“稔”“年”同義，蔡邕《獨斷》：“夏曰歲，一曰稔也。”或説“年”即“稔”之古體。此種語言現象，實宜進而深思。又，關於年歲的稱謂，一般而言，夏代稱“歲”，商代稱“祀”，周代稱“年”。

楚簡帛文作，沿襲古體。秦簡牘文因作，篆意猶存，古隸典型。

241.鳥

鳥，甲骨文作，金文作，小篆作。

象形，飛禽的總名。初與“隹”通用，後分化爲二字。作爲構形部件，二者表意無别。卜辭或用本義，或用作地名。銘文或用作氏族名、人名，或用作鳥形器名。

楚簡帛文作，訛誤已多。秦簡牘文作，字形傳承正統文字，書體轉爲古隸。

242.牛

牛，甲骨文作，金文作，小篆作。

用牛頭形象代表牛，象形。卜辭、銘文用本義。金文第一字形是族徽文字，第二字形已經完全綫條化，表現了漢字發展跨越式的進步。

楚簡帛文作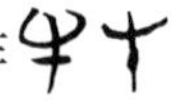，沿襲古體。秦簡牘文作，古隸典型。

243.農

農，甲骨文作，金文作（摹本），《説文》籀文作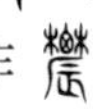，古文作，小篆作。

甲骨文从林从辰，辰亦聲。“林”或作“艸”。第一、第五字形增从又。“辰”是斤、钁一類的農器。合體當表示以手持農器鋤草，學者或釋爲“蓐”，即古“耨”（nòu）字，義爲除草。金文主體結構與甲骨文接近，而或增“田”“止”“臼”（jú）作意符，“草”或作“茻”即“莽”，二者表意相同。一般認爲，合體當是表示手持農器到田間進行剷除草木一類的農事勞動，則爲古“農”字。由此判斷，“蓐”“農”本爲一字分化。“農”的本義是耕種，引申爲農事、農業、農民、農官等義。銘文或表示耕作、做農事，或用作人名。銘文“農力”猶後世“努力”，學者稱此類語言現象爲語轉、一聲之轉或音轉字異。提示：甲骨文五個字形，《新甲骨文編（增訂本）》《古文字譜系疏證》收入“晨（蔑）”字條下，學者隸定爲“蔑”，或疑爲古“農”字，而卜辭或讀“晨”，或用爲地名，銘文或讀“振”。《新甲骨文編（增訂本）》又在“農（）”字條下收入其他類似字形。總之，在古文字體系中，與“農”的字形和用法相近的幾個字，音義在“農”“晨”之間，關係極爲複雜，一時難以釐清。

秦簡牘文作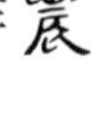，與小篆形近。參見035.辰字條。

244.弄

弄，金文作，小篆作。

从廾从玉，即以雙手持玉會意。本義是賞玩，引申爲玩要、作弄、從事等義，又引申爲樂曲、奏樂、扮演、修飾等義，義皆相因。銘文或指用來寶玩的器物。或用作修飾語，即用來寶玩的（器物）。古人以雙手持玉把玩而造“弄”字，今人或難以想象，然古形如此。《詩經·小雅·斯干》“載弄之璋”，鄭玄説“玩以璋者，欲其比德焉”，蓋古風如此。而商代族徽文字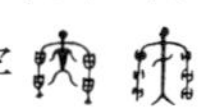，象一人頸部佩戴貝飾，更可推知古代推崇貝、玉的世風。又，古代以串玉或串貝爲貨幣，以兩串玉或貝爲一朋，則視貝、玉爲寶物，亦可見時風。

秦簡牘文作，已近今體，古隸典型。

245.女

女，甲骨文作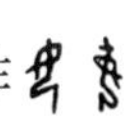，金文作，小篆作。

象伸臂斂手跪跽的側面人形，或於頸部增短横爲標志，本是女子的通稱。卜辭、銘文“女”“母”或通用，後增二點區别爲“母”。在古文字體系中，“女”又多借用爲第二人稱代詞，後來爲了减少“女”的用途并在字形上與表示本義的“女”相區别，乃轉而借用表示水名的“汝”。而“母”則又多借用爲否定副詞，戰國時把借用爲否定副詞之“母”中的兩點連成斜撇成爲“毋”，以與表示本義的“母”字相區别。可見古人爲了一字之用真是費盡心機。文獻又或讀如“如”。提示：以上解釋多從文字角度説，這與從語言角度説的音轉字異不同，如表示第二人稱的“尔”後來寫作

“你”，裘錫圭説，這種現象應該從語言角度解釋。

楚簡帛文作，沿襲古體，或加飾筆。秦簡牘文作，末筆已漸成横勢。

246.配

配，甲骨文作，金文作，小篆作。

古代酒分清濁，又有淺深黑白不同的顏色，故製酒必須調配。“配”字从酉从卩，“酉”即“酒”，“卩”是跪坐人形的隸定，合體可能表示人在做製酒調配的事。或説非關會意，而是从酉从妃省聲。本義是調配酒色或製酒配料，引申爲配合、搭配、匹配等義。卜辭、銘文多用匹配義。銘文又或通“妃”。

楚簡帛文作，沿襲古體。

247.朋

朋，甲骨文作，金文作，《説文》古文，小篆作。

古代以串玉或串貝爲貨幣，以二串玉或貝爲一朋。王國維説，貝、玉五枚一繫即一串，二串玉爲玨，二串貝爲朋。金文第一字顯示象串貝之形，其餘當是象串玉之形。“朋”本是貨幣單位，引申爲朋輩、朋友、儔對等義。甲骨文又有、金文又有等字，从人从朋，朋亦聲。人或訛作“勹”，劉釗讀“勹”爲“伏”，認爲是追加聲符，則“朋”“倗”本是一字，故《新甲骨文編（增訂本）》將兩類字形一起收入“朋”字條下，但具體用法或有不同。類字形隸定爲“朋”，卜辭、銘文一般用作貨幣單位。類字形隸定作“倗”，卜辭或用作氏族名，銘文用作朋友之“朋”。而文獻則用“朋”爲朋友之“朋”，不用“倗”。《説文》小篆以“鳳”爲“朋”，屬於假借。有人認爲，所列古文第一字形實際是秦簡牘文“朋”字的變體。

楚簡帛文作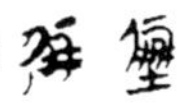，均从朋聲，用爲朋友之“朋”。秦簡牘文作，沿襲古體而略有訛變。

248.彭

彭，甲骨文作，金文作，小篆作。

甲骨文於“鼓”字邊側加數個斜點表示鼓聲，隸定作“彭”，實爲摹音。早期文獻或以“蓬”代之，今字作“嘭”。古無輕唇音，讀“蓬”如“嘭”。後世將三小點固定爲“彡”（shān）。“彡”作爲意符，亦用於表示花紋、色彩、光影等，如“彪”“彩”“影”等字所从。卜辭或用作地名。銘文或用作地名、人名。

楚簡帛文作，已有訛變，或加飾筆。參見115.鼓字條。

249.闢

闢，金文作（摹本），小篆作，或體作。

甲骨文、金文都有“啓”字，从又从户，會以手開門之意。戰國古璽有“開”字，作，門内短横表示門閂，下从廾，表示雙手打開門閂。而金文“闢”字从門从廾，可能是會推開門之

意。第三字形增“壁”字的古象形字“”作聲符。本義或是推開，引申爲開闢、開拓、開墾、排除、開闊等義。銘文或用開闢、摒除等義。或用作人名。或讀“辟”（bì），君王。提示：這個表示君王意義的“辟”字，甲骨文作，金文作，或从卩从辛，或增“”即古“壁”字作聲符。它的本義是以刑具施加於罪犯，引申爲法度、君王、官吏、懲罰、芟除、治理、效法、彰明、徵召等義。由小篆二體可以推測，因爲古籍多借“辟”代「」，後爲區別用作假借義的“辟”（pì）與表示法度、君王等義的“辟”（bì），遂造“闢”字代替用作假借義的“辟”（pì），則“「」”“「」”爲異體，前者是會意字，後者是形聲字。而當用作假借義的“辟”與表示法度、君王等義的“辟”字形混一的時候，其區别方法則是破讀，就是前者讀pì，後者讀bì。又，《説文》認爲“闢”字或體从門从「」，“「」”字从反廾，古“攀”字。

楚簡帛文作，或从共。參見251.僕字條。

250.品

品，甲骨文作，金文作，小篆作。

从三“口”會意，表示品類或品類衆多。文獻用作物品、種類、衆多、等級、品格、標準、法式、品評、品嘗等義。或用作量詞。卜辭用作祭名。銘文或用作表示品類的量詞，或用品定之義。

楚簡帛文作，沿襲古體。

251.僕

僕，金文作，《説文》古文作，小篆作。

初文主體象一個頭頂加“辛”、臀部帶有尾狀物的人。“辛”是一種鋭器，可以作刑具。人頭加“辛”、臀部帶尾可能表示罪人、俘虜、奴僕。人的雙手捧着簸箕，簸箕上面有數個小點，表示灰土。合體表示奴僕手拿簸箕勞作，可以理解爲合體象形兼會意。後將“簸箕”移至“辛”上，而增加意符“人”“廾”“广”（yǎn）或“臣”。《説文》古文依戰國金文从臣，隸定作“蹼”。“臣”與“僕”義近，當是意符疊加。小篆从人从菐，菐亦聲。漢字簡化後用前仆後繼之“仆”代之。“僕”的本義可能是指奴僕，或泛指供役使的人。銘文或指徒隸，或用作職官名。提示：甲骨文有“辛”（qiān）字，基本字形有兩類，一作曲形，寫作，一作直形，寫作，後世分化爲“辛”“辛”二字，但二者形近，戰國以後多混用。裘錫圭以爲曲形者是“乂”的初文，本是鐮刀一類的器具，可作刑具。作爲構形部件，多用於表示罪行、刑罰一類的字。“乂”的動詞義爲割草、剷除，引申爲治理、安定等義，後世或作“刈”。又，甲骨文有字，字形與金文“僕”字相近，舊釋“僕”，《新甲骨文編（增訂本）》收入“糞”字頭下，卜辭似多用作貞人名、地名等。

楚簡帛文作，承古而變，或从臣，或“人”“臣”“菐”借形而省。秦簡牘文作，古隸典型。

252.妻

妻，甲骨文作，金文作，《説文》古文作，小篆作。

甲骨文主體爲長髮女子，“女”上从又或从廾，合體會意，表示以手抓住女子長髮，奪而爲妻。説者以爲此字的構形顯示了古代的搶親習俗，但也有學者認爲是表示女子梳理頭髮，難得確解。金文第一字形“又”與女子長髮合爲一體，可視爲合體會意，小篆因之。金文第二形可能是訛變爲以“西”作聲符，後面的形體又有訛變。本義是男子的配偶。卜辭、銘文或用配偶義。

楚簡帛文作，大致與金文第三字形近似。秦簡牘文作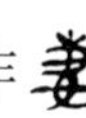，形體與小篆近似而顯示古隸風格。

253.戚

戚，甲骨文作，金文作，小篆作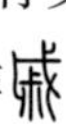。

斧鉞類武器，有齒。甲骨文第一、二字形是整體象形，其餘是局部象形，其中第三字形是横置式，第四、五字形是竪置式。金文前五字形皆爲象形，字形由輪廓和塊面到綫條，從隨形到方正。第六字形則是形聲字，从戈，尗聲。小篆从戉，尗（shú）聲。“戚”的本義是斧鉞類武器，後世或增“金”爲意符。文獻或用本義，或用親近、親密義，或用憂愁義。表示憂愁意義的字形後來增“心”

爲意符作“慼”。“戚”在卜辭中或用本義。銘文或用作氏族名。提示：金文第七字形見《新見金文字編》，但也有學者釋“殺”，并説或通“肅”，録之備考。

楚簡帛文作，第一字形从戈，“戈”左曲綫是鉞齒象形的遺留。第二字形增意符“心”，當是“慽”（慼）字。

254.其

其，甲骨文作，金文作，《説文》籀文作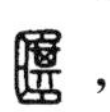，古文作，小篆箕部作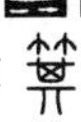。

“箕”的初文，象形。後在字形下增飾筆，又演變爲“丌”聲，或復增“廾”作意符。本義是畚箕，而文獻則借用爲代詞、副詞，後造“箕”字表示本義。卜辭或用作副詞。銘文或用作代詞、副詞、助詞，或用作人名，或通“基”“忌”“期”。提示：金文“其”下飾筆演化爲“丌”形後，因爲“丌”與“其”音同，故後世或借“丌”作“其”，又或在“丌”上增飾筆作“亓”。《新金文編》“其”字字形收入“箕”下，則是從詞出發。

楚簡帛文作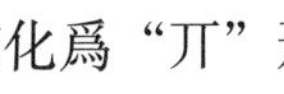，或沿襲古體，或从竹从亓。秦簡牘文作，或增“竹”作意符，古隸典型。

255.旂

旂，金文作，小篆作。

意符作“㫃”（yǎn），聲符作“斤”。“㫃”象旗幟飄揚貌，字形中的一竪大概表示旗桿。裘錫圭説，青銅器銘文或以“㫃”爲

“㫃”，“㫃”可能是“㫃”的初文，後世增“斤”作聲符，讀yǎn音爲後起。“㫃”又分化出以“其”爲聲符的“旗”字。本義是旗幟。“幟”與“識”同源，有標記、標志之義。旗幟之用，即在於作爲標志來集合民衆，或織有圖像，或懸鈴有聲，故知後世“知識”之“識”實含標記、標志、識别、記住等内在意義。“㫃”在銘文中或用本義，或讀爲祈福之“祈”。提示：銘文又有 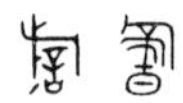等字形，或从單，“單”是盾形武器，擎旗者執之。又或从言，可能表示以言祈禱。隸定或作“旂”，與“㫃”或通用，但多讀爲祈求之“祈”，字書或説“同‘祈’”。

楚簡帛文作，聲符作“斤”“亓”或“丌”。意符或作“羽”，蓋古代旗幟或以羽毛爲飾。秦簡牘文作，换用“其”字作聲符古隸典型。

256.齊

齊，甲骨文作，金文作，小篆作。

構形難得確解，舊説以爲象麥穗整齊之貌。本義或基本義是整齊，引申爲等同、全部等義。《古文字譜系疏證》以爲是“齋”的初文，應是祭祀所用的穀物，文獻或作“粢”“粢”“齍”，又與“齋”通用。又通“臍”“濟”“躋”“齏”。卜辭或讀“齍”，裝有穀物的祭器。或用作地名、人名。銘文多用作方國名、人名。

楚簡帛文作，沿襲古體。秦簡牘文作，古隸典型。

257.企

企，甲骨文作，《説文》古文作，小篆作。

甲骨文第一、二字形象人而突出其脚，有人稱爲合體象形。第三字形从人从止，會踮脚而望之意，引申爲企望、企圖等義。《荀子·勸學》"吾嘗跂而望矣"，"跂"是形聲字，意義與"企"相同。卜辭或用作人名、地名。提示：《古文字譜系疏證》"企"下收録企觚字形，與商代銘文相近，與甲骨文第一、二字形亦近，或是人名，《新金文編》不載。

秦簡牘文作，已近今體。

258.啓

啓，甲骨文作，金文作，小篆作。

初文从又从户會意，本義是開啓，引申爲開闢、開拓、開通、開創、開始、引發、分開、禀告等義。卜辭或用禀告義，故又多从口。又或从攴，或从殳，與从又表意相同。卜辭或讀如"啓"，義爲雨過天晴。或用作地名、人名。銘文或用開闢義，又用作人名、氏族名。

楚簡帛文作，沿襲古體。秦簡牘文作，形近今體，古隸典型。

259.气

气（氣），甲骨文作 ，金文作，小篆作。

甲骨文、金文初形作三横，後世爲避與“三”字混同，或上横左上折，或下横右下折。依《説文》是象形。本義是雲氣，隸定作“气”，後世作“氣”。卜辭或讀“訖”，或通“既”，義爲最終、終究。銘文或用同“乞”。或讀“祈”，義爲祈求、給予。或用同“訖”，止也。一般認爲，“乞”由“气”分化。提示：“气”與“氣”本非一字。“氣”的本義是向别人饋贈糧食，後來假借爲雲氣之“气”，復造“餼”（xì）字表示本義，於是“餼”“氣”行而“气”廢，漢字簡化後“气”與“氣”合併作“气”。

楚簡帛文“气”作，或作，增“火”作意符。“氣”作，从火，既聲。秦簡牘文“气”作，“氣”作 ，皆爲古隸典型。

260.器

器，金文作，小篆作。

有人解爲从犬从㗊（jí），表示犬聲喧囂，“㗊”以眾口會喧嘩之意。有人解爲从犬守四“口”會意，認爲四“口”表示衆多器物。劉釗則疑“犬”爲聲符。本義是器物、器具，引申爲氣度、才能、人才、器重等義。銘文或用以稱器皿、樂器，或用作人名。

楚簡帛文作，沿襲古體。秦簡牘文作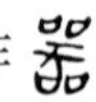，略有形訛。

261.千

千，甲骨文作，金文作，小篆作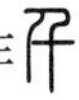。

在人字中間加短横作區别符號，表示用作計數的“千”，人聲。此造字法與“白”上加横爲“百”相同。卜辭、銘文表示數字之“千”。

楚簡帛文作，形態多姿。秦簡牘文作，古隸典型。

262.前

前（歬），金文作，小篆作。

从止（人足）在舟上，會意前行，隸定爲“歬”。文獻借“前”代之，“歬”遂廢而不用。而“前”爲“歬”加意符“刀”，實爲“剪”的本字。久借不歸，遂轉正體，乃復造“剪”字表示本義。“前”在銘文中表示時間意義的先前。提示：甲骨文有、等字，象在桶中洗脚之形，羅振玉釋“洗”，李孝定釋“歬”，認爲“乃假洗足字爲歬進字”。又或釋爲“湔”。卜辭中用作人名、方國名或地名。

楚簡帛文作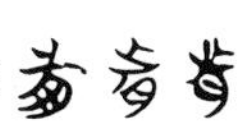，或有訛變。秦簡牘文作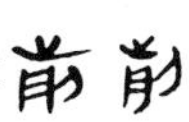，从刀，古隸典型。

263.禽

禽，甲骨文作，金文作，小篆作。

甲骨文象形，是捕捉禽獸之器，前端作網形。後或增“今”作聲符，又或在短横前增飾筆，“擒”的初文。本義是捕禽或捕捉。捕禽曰禽，故所捕獵物亦曰禽，泛指禽獸，特指鳥類。後爲在字形上加以區别，動詞義加提手旁作“擒”，表示捕捉、抓住、擒拿等義。卜辭或用捕獲義。銘文或用捕獲義，或指被捕獲的人。或用作人名。

楚簡帛文作，形有簡省。

264.寢

寢，甲骨文作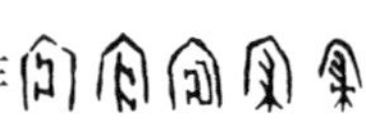，金文作，小篆作。

甲骨文有兩種字形，前三字形从宀从爿會意，“爿”是古“牀”字，隸定作“爿”，室内有牀表示坐卧居息之所。後二字形从宀从帚，唐蘭説“帚”古讀“侵”，“侵”的異體或作“㑴”，“浸”的異體或作“濅”，可作佐證，則“帚”當兼作“寢”字的聲符。金文第一字形沿襲甲骨文後二字形。第二字形在“帚”下增从又，表示清掃房間。而第三、四字形从宀从爿，帚聲，依甲骨文字形則可以理解爲从宀从爿从帚，帚亦聲。第五、六字形又增从女，表示人的坐卧居息之所。第七字形“宀”下是古“掃”字，

“掃”字从土从帚，帚亦聲。依此，則“寢”字或是會意字，或是形聲兼會意。“寢”的本義是居息之所，又特指君王的宮殿、君王陵園的正殿。卜辭或用本義，或用作人名。銘文或用宮寢、廟寢、居室等義。由居處之所引申爲躺卧、睡覺，又引申爲止息、擱置、隱藏等義。提示：甲骨文又有等字，裘錫圭釋爲“掃”，這個字的四個字形啓發我們認識四點：一是“帚”字可簡可繁。二是“帚”可以作名詞，也可以作動詞，如要明確就加“又”表示動作。三是“帚”多有加“水”的字形，加“水”以後，灑掃、刷洗的意義更加明顯，而且知道古人清掃要用水，與今人無異。四是字形从帚而又从匸（xì）等表示居所的意符，就明確表示清掃房屋。“掃”字的構形可以幫助我們理解“寢”字从宀从帚的寓意。所以裘錫圭説，“寢”字構形反映了古人對寢室灑掃之事的重視。

裘錫圭進一步説，“修”从攸聲，金文“攸”字作，从人从水从攴，表示擦洗人身。戰國文獻中的“修身”往往寫作“攸身”，説明“修身”即含有擦洗人身而使之清潔的意思。又認爲“攸”“修”與“帚”“㝵”“掃”也應有語源關係，因爲擦洗人身與灑掃宮室、廟寢的意義相通，與修飾、修治的意義也相因相承。“修”在古籍裏又可以解釋爲“掃糞”，顯然也與清洗人身的“攸”字有關。

通過上述“寢”以及相關古文字的形音義分析，我們不僅能認識到“帚”“㝵”“掃”“寢”四字古音相近的道理，并由此得到許多文字學、詞彙學知識，而且更能體會深含其中的文化信息，同時也就提示我們，學習或研究古漢字不但要放眼於整個古漢字體系，更要結合古代文化加以考察。又，有人認爲，甲骨文應該是“夢”字，録之備考。

楚簡帛文作，或从戈，當表示侵伐之“侵”。

265.秋

秋，甲骨文作，金文作（都是摹本），《説文》籀文作，小篆作。

何九盈引郭沫若説，甲骨文“秋”的字形象蟋蟀，字音亦似蟋蟀的鳴叫聲，即以蟋蟀的形聲代指秋天之“秋”。最後一形增“火”爲意符，何九盈引陳奂、龐樸説證明“火”即大火，星名。《詩經·豳風·七月》“七月流火”，言大火西下，秋天至矣，則“流火”亦爲秋天的標志。或疑从丘省聲。劉釗認爲甲骨文“秋”字乃象蝗蟲之形。“秋”是收穫的季節，故金文以“禾”爲意符，或表示秋季莊稼成熟。“秋”本指季節，又用爲年代、時期、莊稼成熟等義。卜辭或指秋季（卜辭時代一年有春秋二季），又或用作人名、地名。銘文或用作氏族名。

楚簡帛文作，所从之“火”形有訛變。秦簡牘文作，純爲二意符的合體。

266.裘

裘，甲骨文作，金文作，《説文》古文作，小篆作。

甲骨文象皮衣，毛在外，“裘”的初文。金文第一字形从衣，求聲。第二字形从衣，又聲。第三字形所从之“衣”據甲骨文象形類化。第四字形从衣，肘聲。卜辭或用作地名。銘文或指皮衣，或用作姓氏名。提示：銘文或以“求”代“裘”，裘錫圭説，“求”是“蛷”的初文，是一種多足蟲的象形，“求索”是它的假借義。提示：金文第四字形所从意符“衣”内的聲符是古“肘”字，證據一是：甲骨文“肘”字作，即把手形的“又”字延長并彎曲以象肘部之形。或加斜短畫作指事符號，表示肘部位置所在，字作。前者爲象形字，後者是指事字。證據二是：甲骨文“守”作，金文作，都是从宀，肘聲，而“肘”的字形與金文“裘”字第四字形所从的字形相同，都是指事字“肘”的寫法。

楚簡帛文作，沿襲古體。秦簡牘文作，沿襲古體而稍有訛變。

267.區

區，甲骨文作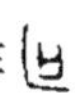，金文作（摹本），小篆作。

从品从乚（yǐn），乚亦聲。“品”代表衆物，或省形作“口”。裘錫圭説，“匸”（xì）象房屋的横剖面，“乚”是“匸”的省形，也可能同時表示起隱蔽作用的曲隅、角落，所以可能有“隱”音。有人説“乚”即古“隱”字。“乚”“品”合體可能是表示衆物藏匿之處，引申爲區域、地區、居所、區分、微小等義，又用作量詞。朱芳圃説“區”是“甌”的初文，本義是小盆，古代用以盛食物。文獻亦通“驅”“甌”，或通“句”“丘”。卜辭或用作祭名、地名。銘文或通“驅”。又或通“歐”，姓氏。提示：古文字體系中又有“匚”（fāng）字，是受物之器，“匡”（筐）的初文，與“匸”的形義不同，應注意區别。又，“區”或通“甌”，或因今音不同爲初學者不解，其實从區得聲之字如“歐”“嘔”“鷗”“漚”“毆”“謳”，今皆讀ōu音，諸字皆从區得聲，古音必近。故古籍以諧聲字通假爲常例，如“堂”通“當”，“晨”通“振”，“差”通“左”，“萬”通“邁”，“庸”通“誦”，“喬”通“驕”，“楚”通“胥”，“肖”通“趙”等等，不勝枚舉。

楚簡帛文作，沿襲古體。

268.曲

曲，金文作，《説文》古文作，小篆作。

象彎曲的圖形或彎曲的某物，有人認爲就是曲尺，有人以爲象曲折之形或表示隱蔽之處，與“乚”同字。本義或基本義是彎曲、曲折，引申爲邪曲、過錯、周全、委屈、局部、樂曲等義。銘文或用隱匿義，或用作氏族名。

楚簡帛文作，秦簡牘文作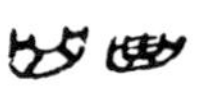，皆沿襲古體，各有所承。

269.取

取，甲骨文作，金文作，小篆作。

古代戰爭或要求將士割取敵人左耳以報功，“取”字从又从耳，正合古義。但作爲基本詞義，當解爲捕獲，引申爲收取、拿出、采用、得到等義。卜辭、銘文或用捕獲義。提示：字典辭書或説“取”通“娶”“聚”“趨”“趣”。此處所謂“通”是説通假，但從更深層次來分析，“娶”“聚”“趨”“趣”都是“取”的派生詞，訓詁學或稱一語孳乳。如“娶”，以取女會意，搶婚舊俗可爲注脚。而獲取則“聚”，心有取向則行必“趨”之，所謂“趣味相投”，也是“取向相同”，“取”“娶”“聚”“趨”“趣”諸詞皆音義相因。

楚簡帛文作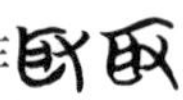，沿襲古體。秦簡牘文作，古隸典型。

270.去

去，甲骨文作，金文作，小篆作。

“去”在古文字裏有兩種字形，一種是从大从口會意，裘錫圭説是“呿”（qù）的初文，義爲把口張大，後由張開引申爲離開、到某處去，又引申爲距離、除去、放棄等義。卜辭或用作來去之“去”，或用作祭名、地名。銘文或用離去、除去義。另外一種字形是下象器，上象蓋，表示器蓋相合，是“盍”的初文。本義或指器蓋，引申爲覆蓋、聚合之義，後世作“蓋”，而“盍”則用作反詰副詞。至小篆時兩種“去”的字形相混。

楚簡帛文作，沿襲古體。秦簡牘文作，古隸典型。

271.泉

泉，甲骨文作，金文作（摹本），小篆作。

初文以穴中流水會意。地穴流水謂之泉，地穴流出之水謂之泉水，引申指水源、地下水。卜辭或用本義。銘文用作人名或地名。後世或用作錢幣之名，一取義於流通，古語“源泉滚滚”正是注脚。二取音同，“綫”或體作“線”，“戔”“泉”作爲聲符同音互换，而“錢”从戔得聲，故知“錢”“泉”同音。曾偶然發現文獻實物資料有“錢塘”作“泉塘”者，可惜没有及時記録出處，今記此待考。“泉”又孳乳爲“原”，从厂（hǎn）从泉，厂亦聲。“原”又孳乳爲“源”，从水，原聲。

楚簡帛文作，秦簡牘文作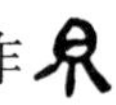，皆略承大意。

272.犬

犬，甲骨文作，金文作，小篆作。

象形。金文前二字形是商代字形，横向。卜辭、銘文或用本義，或用作氏族名。提示：甲骨文“犬”與“豕”形似，王國維説，腹瘦尾捲者爲“犬”，腹肥尾垂者爲“豕”。案：《新甲骨文編（增訂本）》收“豕”字39例，字形尾部皆下垂，確無尾捲者。但收“犬”字45例，其中尾部明顯上捲者僅15例，數據不能證明王説。而《新金文編》收“犬”字6個字形尾部皆上捲（作爲偏旁則不統一），“豕”字5個字形皆下垂，支持王説。這説明王説僅在相對時段可以成立，而至少在甲骨文體系中，僅憑尾捲與不捲辨别二字并不可靠。具有啓發意義的是，甲骨文第五字形捲尾之末加有圓圈，可能有提示區别的作用。又，“犬”與“狗”的本義略有不同，“狗”的本義是小犬，金文作，从犬，ㄐ聲。“ㄐ”後世作“句”，故从句之聲的字多有曲或小之義，如“駒”爲小馬，可與“狗”是小犬相印證。或説“狗”是“犬”的方音分化字。

楚簡帛文作，沿襲古體。秦簡牘文作，篆隸雜糅，古隸典型。

273.然

然，金文作（摹本），小篆作，或體作。

第一字形从火，難聲。第二字形从火，肰（rán）聲。“肰”，犬肉也，或用作“然”。“然”的本義是燃燒，文獻有用例。借爲代詞、連詞、副詞、語氣詞後，後世復造“燃”字以表示本義。據小篆字形隸定，則有或體作“蘸”，段玉裁説“蘸”下本从火，傳寫誤脱，段説甚是，據金文第一字形可知。銘文或用作詞尾，或用作人名。提示：“然”下本从火，“火”在隸變後逐漸演變爲四點。

楚簡帛文作，沿襲古體。秦簡牘文作，古隸典型。

274.人

人，甲骨文作，金文作，小篆作。

象側立的人形，本義是人，引申爲自己、他人、人人、人才等義。或通“仁”。卜辭或特指祭祀所用奴隸，即人牲。或讀如“夷”。銘文用爲泛稱。提示：從甲骨文、金文字形看，寫“人”字都有兩種筆順，識字、學書都當留意。

楚簡帛文作，沿襲古體，也有兩種筆順。秦簡牘文作，古隸典型，一種筆順。

275.日

日，甲骨文作，金文作，《説文》古文作，小篆作。

象形。圓形不便於契刻，故甲骨文多作方形，後世古文字多作圓形。爲便書寫，今文字復作方形。金文前四字形皆爲商代字形。本義是太陽，引申爲日光、白晝、一天、日子、時代等義。卜辭、銘文或用本義，或用白晝、每天義，或用作記曆單位。

楚簡帛文作，以上四形，用筆起止分明，可見古人寫“日”字的幾種不同方法。秦簡牘文作，古隸典型。

276.戎

戎，甲骨文作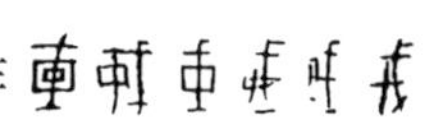，金文作，小篆作。

从戈从盾會意，本是兵器的總稱，引申爲戰爭、征伐等義。或用作古代方國名。又泛指我國古代西部少數民族。卜辭或用作地名。銘文或用軍事義，或指周人四境外的少數民族。提示：依次比較甲骨文、金文字形，均可以清晰看出“戎”字的演變過程，同時可知《説文》从戈从甲之説實誤。又，同一時代的字形或書寫風格一般固然相對近似，但因爲地域或個人書寫習慣的緣故（如或應時而變，或守舊復古），也不能一概而論，如金文“戎”字第三、

四、五字形皆同屬西周早期，但書風却有明顯差異。

楚簡帛文作，沿襲古體。秦簡牘文作，古隸典型。參見076.盾字條。

277.乳

乳，甲骨文作，小篆作。

甲骨文象母抱子哺乳之形，也可以理解爲从女从子，而以子張口就母乳會意。後世从爪从子从乙形字，“乙”形爲“女”形的訛變。本義是哺乳，引申指生子、孵化、初生的、乳房、乳汁等義。卜辭用哺乳、生育義。

秦簡牘文作，古隸典型。參見188.孔字條。

278.入

入，甲骨文作，金文作，小篆作。

構形寓意不明。戴家祥説象鋭器鋒芒，因物之鋒芒皆便刺入，故借尖鋭之形表示進入之義，引申爲接納、收入、參與、繳納、契合等義。卜辭、銘文或用進入義，或讀如“内”。又分化出“内”“納”。

楚簡帛文作，沿襲金文第四字形。秦簡牘文作，古隸典型。

279.若

若，甲骨文作，金文作，小篆作。

或説初文象人跽坐以雙手理順頭髮，因而用作順從之義。金文末一字形增“口”爲裝飾符號，西周晚期以後多沿用。卜辭、銘文用順、善、如等義。文獻多沿用之。或讀如“諾”。

楚簡帛文作，已見因解散篆體而生訛變。秦簡牘文作，古隸典型。

280.散

散，甲骨文作，金文作，小篆作。

甲骨文从林从攴。裘錫圭説，本義是芟除草木。又説“殺”的本義很可能也是斬除草木，故“散”“殺”音義俱近，語本一源。又説甲骨文字形有从鹿或鹿頭形，大概與芟除草木多在山麓有關。劉釗説金文从月，“月”或是追加的聲符。由本義引申爲分散、散落、凋零、喪失、排遣等義，今音讀去聲。又引申爲鬆散、雜亂等義，今音讀上聲。卜辭或用本義。銘文用作氏名、人名、地名。

楚簡帛文作，二體皆有創意。第一字形作簡體，从林，月聲。第二字形作繁構，从又从戈从林會意，表示以手持戈芟除草木。秦簡牘文作，古隸典型。據小篆和秦簡牘文隸定則有異體字“散”。

281.山

山，甲骨文作，金文作，小篆作。

初形象數峰并立，本義是山體。卜辭或用本義。銘文或用本義，或用作人名、地名、氏族名。提示：注意“山”“火”在古文字中多因形近而相混。

楚簡帛文作，沿襲古體，或加飾筆。秦簡牘文作，或沿襲古體，或增加隸勢。

282.善

善，金文作，小篆作，或體作。

从羊，誩（jìng）聲，《説文》訓“誩”爲“競言”，王筠認爲是古“競”字。但在金文“善”字構形中可能衹是“言”的繁文。或疑“善”即“膳”的初文，但文獻多用作吉祥、美好、善良、友善等義。用作動詞則有擅長、贊美、通曉等義。或通“膳”。銘文或用美善義。或用置辦食物義，後世作“膳”。或用作人名。

楚簡帛文作，從以上四形可以看出書寫對筆畫形態的影響。秦簡牘文作，古隸典型。

283.商

商，甲骨文作，金文作，《説

文》籀文作 ，古文作 ，小篆作。

或説从辛，丙聲，或增“口”作區别符號或裝飾符號。金文多有“口”。文獻或用作地名、國名、星宿名，或指五音之一。又用作商業、經商之“商”，引申爲估量、商討等義。卜辭或用作地名、國名、人名，又或用作樂舞之名。銘文多讀爲“賞”，又或用作地名、國名、人名、音律名。提示：“商”的構形意義難定，或據甲骨文字形釋爲樂器之形，或據金文字形疑本爲商星之名，但根據卜辭、銘文的用例似以前者近是。陶淵明詩云：“奇文共欣賞，疑義相與析。”多聞闕疑，遭人而問。學術進步，必賴析疑推動。

楚簡帛文作，沿襲古體。秦簡牘文作 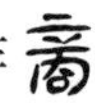，古隸典型。

284.上

上，甲骨文作，金文作，《説文》古文作 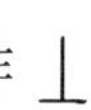，小篆作。

長横上加横短，表示某物在某物之上，本義是上方。字形本與“二”字作相等的二横不同。爲避免與“二”字相混，後變上横爲竪，或更在竪側增短横。銘文《中山王礜壺》增“尚”爲聲符作，隸定作，是戴帽着靴，徒增繁複，終遭淘汰。鄂君節有 字，于省吾説是逆水流而上的專用動詞。如是，則更有違漢語精義，壽固不永，故漢字壽夭生滅，自有道也。“上”的本義指方位，引申指高處，又引申爲上等、上天、君王等義。用作動詞則有向上、進獻、凌駕、登載、繳納、遭遇等義。或通“尚”，崇尚。提示：反之，甲骨文“下”作 ，金文作，造字方法相同。卜辭、銘文以“上下”表示天地。

楚簡帛文作，有時代特徵。秦簡牘文作，由此三體可見演進大勢。

285.舌

舌，甲骨文作，金文作，小篆作。

“口”在下，上象舌頭之形，造字以“口”襯托“舌”，或加數個小點表示唾液。本義是舌頭，引申有言語義，或表示類似舌頭的物體。卜辭或用本義。或用作祭名，義同“告祭”。銘文或用作人名。提示：現代漢字如“括”“活”等形聲字，其聲符本作“𠯑”（kuò、guā），後世與“舌”相混，其中“話”字尤其容易誤解爲从言从舌會意。

楚簡帛文作，增“肉”爲意符。秦簡牘文作，古隸典型。參見402.言字條、430.飲字條。

286.社

社，金文作，《説文》古文作，小篆作。

从示从木从土會意。古者封土爲社，“社”即社壇，并植以樹木，故从木。本義爲土地之神，亦稱社神。引申之，祭祀土神之所、祭祀土神的行爲、祭祀土神的節日亦得謂之“社”，又引申表示社會、社會組織等義。郭沫若説，卜辭以“土”爲“社”，則“社”“土”本爲一字。銘文“社稷”表示國家。

楚簡帛文作，或承古體，或省从木，或位置互换。秦簡牘文作，古隸風格，已近今體。參見342.土字條。

287.射

射，甲骨文作，金文作，小篆作，或體作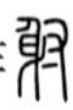。

甲骨文以矢在弓上會意，第三字形加二“又”即二手，表示動作。金文第三字形从弓从倒置之“矢”。後世“弓”形訛作“身”形，故《説文》或从身从矢，隸定則爲“躲”。或解“躲”爲“弓弩發於身而中於遠”，此還就从身的字形而强爲之解。“又”或作“寸”，表意相同，故隸定作“射”。後世有“‘矮’無關乎矢，‘射’無關乎身”之説，蓋言字形訛變。又爲“矮”造會意異體“躷”字，則未免過分在意字形。“射”的本義是射箭，引申爲猜度、投合、中傷、照射、陳述、追逐等義。卜辭多用本義。銘文或用本義，或用作職官名。

楚簡帛文作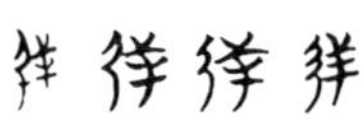，與金文第三字形同，觀察四字字形差異，可見字形訛變之所由。又，考楚簡帛文“矢”字或作，因知上列前三形所从之“矢”字亦爲倒置且形變，第四字形所从作“羊”形者，則爲前者倒“矢”之又變，故考察字形尤其要重視比較法。秦簡牘文作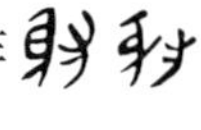，古意猶存，古隸典型。

288.涉

涉，甲骨文作，金文作，小篆作，或體作。

甲骨文基本字形是从二“止”各在“水”的一側，偶或从三“止”或四“止”，是雙脚跨越水流的意象，會意字。從字形看，本義應該是徒步横渡，引申爲沿水路而行。葉玉森説，古人陸行曰跋，水行曰涉。卜辭“王涉歸”，猶言王經水路而歸。由涉水引申爲度過、經歷、涉及等義。銘文或用本義。提示：有學者認爲，甲骨文中少數字形應釋爲“兆”（跳），録以備考。

楚簡帛文作，沿襲古體。

289.申

申，甲骨文作，金文作，《説文》籀文作，古文作，小篆作。

本象電光閃爍，“電”的初文。文獻多借用爲申述、申明、約束、重復等義。又引申爲伸展義，後世作“伸”。或通“信”“神”“呻”。提示：“電”“申”“神”三字同源，字形分化由於語音分化。金文“電”字作，在古“申”字上增“雨”作意符，“申”與“電”由此分道揚鑣。“申”在卜辭、銘文中多用作地支字。銘文又或通“神”。

楚簡帛文作，沿襲古體。秦簡牘文作，古意猶存，古隸典型。從以上字形可以推想後世“電”字寫法的由來。

290.身

身，甲骨文作，金文作，小篆作。

甲骨文象人而突出其腹部，也可以理解爲在“人”的腹部位置加圓圈作指事符號，可能是“腹”和“身”共同的表意初文。金文第三字形加注“吕”（宫）聲，又用作“躬”。“身”的本義是指身體的腹部，引申爲身軀、身體、生命、身孕、畢生、親自、體驗、擔任、身份等義。卜辭多用本義。銘文或用自身、親身等義。

楚簡帛文作，猶用古體。秦簡牘文作，古意猶存，古隸典型。

291.深

深，甲骨文作，金文作，小篆作。

一般認爲，甲骨文从水，罙聲。“罙”即古“探”字，據甲骨文“探”作等字形分析，“深”的構形很可能是从水从罙，罙亦聲，即以手探測水深而會意。“罙”“深”“探”於古音義并通，可知者如：馬王堆漢墓帛書《戰國縱横家書·蘇秦自齊獻書于燕王章》“罙于骨隨”，當讀“深于骨髓”，是“罙”即“深”。《商君書·禁使》“深淵者，知千仞之深，縣（懸）繩之數也”，“深淵”一本作“探淵”。《列子·黄帝》“彼將處乎不深之度”，“不深”猶言“不測”，是“深”即“探”。《説文》：“罙，深也。”以上數例可作佐證。“深”的本義是水深，引申爲深奥、深厚、深遠、深刻、嚴重、嚴厲、嚴密、茂盛、重大、長久等義。卜辭、銘文或表示與“淺”相反的意義。

楚簡帛文作，沿襲古體。秦簡牘文作，篆意猶存，古隸典型。

292.生

生，甲骨文作，金文作，小篆作。

甲骨文从屮（chè）从一，象草木生於大地。金文或在竪畫上增點爲飾筆，後衍爲一横。本義是長出、生長，引申爲出生、生育、養育、産生、發生、生存、生活、生命、生計等義，又引申爲活着的、未曾煮熟的、不熟悉的、生硬的等形容詞詞義。或通“牲”“眚”。又孳乳爲“性”“姓”，而孳乳之初則與“性”“姓”通用。卜辭或用本義，或讀“姓”。銘文或用産生、發生、生育等義，或讀“姓”“甥”“性”。

楚簡帛文作，秦簡牘文作，可見“生”字自甲骨文以來變化主要體現爲書體的變化。

293.聲

聲，甲骨文作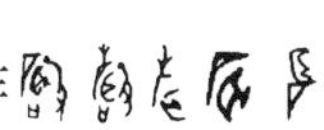，小篆作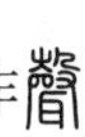。

甲骨文第一、二字形本象以手持物叩擊懸磬之形，而於“磬”形下加“聽”作意符，合體會意，表示叩擊懸磬、發出音響，“聽”兼作聲符。第三、四、五字形結構大加簡省，但由於有第一、二字形作對比，也很容易推知。本義是樂音，後泛指聲音，引申爲發聲、名聲等義。“聽”“聖”“聲”三字音義相通，本爲一字分化，故早期多通用。文獻“殸”或讀“磬”，或讀“聲”。“聲”在卜辭中或用作地名。

楚簡帛文以“聖”爲“聲”。秦簡牘文作，篆隸雜糅，古隸典型。參見295.聖字條、338.聽字條。

294.省

省（眚），甲骨文作，金文作，《説文》古文作，小篆作。

从目，生聲。或説从目从屮（chè）會意，表示觀察草木，甲骨文第三字形从木可作佐證。或説“生”下借筆省横則與“屮”形近，作爲構形部件二者表意或同。初形隸定作“眚”，秦後别爲“省”“眚”二形。本義是察看、視察，引申爲探望、醒悟、記得等義，以上意義文獻作“省”，今音讀xǐng。又用作節省、減省等義，文獻亦作“省”，而今音讀shěng。文獻作“眚”者，則分擔反省、過失義，今音爲shěng。卜辭、銘文或用巡視義。銘文又或用作人名，或通“生”。提示：或説“省”从屮，“屮”或即“木”的省形，故“省”“相”同源。“屮”演變爲“生”，戰國時期聲化。

楚簡帛文作，沿襲古體。秦簡牘文作，古隸典型。

295.聖

聖，金文作，小篆作。

第一字形从人而突出其耳，“耳”旁从口則是古“聽”字，故整個字形也可以理解爲从人的“聽”字。甲骨文也有類似字形，也可以認爲是古“聖”字或“聽”字。在第二、三、四字形中，人形演變作“壬”而聲化。裘錫圭説，“聖”的本義可能近於“聰”，則取形容詞詞義。如按名詞義理解，則是指聽力好的人，亦即善聽之人，引申指無所不通之人。治理政事同樣需要廣聽、善聽，更尊善聽者爲聖。善聽者爲“聖”，所聽者爲“聲”，聲入耳爲“聽”，音義相因，故在古文字體系或早期文獻中“聖”“聽”“聲”多通用。銘文用聖明、聰敏、智慧之義。

楚簡帛文作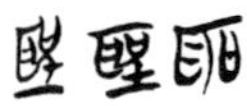，沿襲古體。秦簡牘文作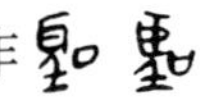，古隸典型。參見293.聲字條、338.聽字條。

296.尸

尸，甲骨文作，金文作，小篆作。

象人屈膝彎身之形，可以視爲“人”字的變體，即以變體表示另一特殊意義。卜辭或指代表神靈接受祭祀的人，後或指宗廟神主、神像，故引申爲主體、主持之義。用爲屍體義較爲晚出，或説通“屍”。卜辭、銘文或用爲“夷”。

楚簡帛文作，从歹从尸从示，可隸定爲“𣨼”。秦簡牘文作，古意猶存。參見319.死字條。

297.師

師，甲骨文作，金文作，《説文》古文作，小篆作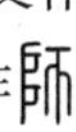。

甲骨文前一字形隸定作“𠂤”，古“堆”字，卜辭讀爲“師”，或用作職官名。第二字形是西周甲骨文，增“帀”（zā）作意符，“帀”即後世之“匝”“迊”，此取環圍或衆多之義，“𠂤”遂轉爲聲符，金文及後世沿用。“師”的本義是軍隊或軍隊編制，或指民衆、都邑，或用作職官名、行政單位名等。銘文或用軍隊義，或用作職官名、人名。提示：劉釗説，“𠂤”是人臀部的象形，可能是“脽”的初文，後指軍隊駐扎丘陵地，引申爲軍師義。《新甲骨文編（增訂本）》“師”字條下僅收西周字一例，説卜辭用“𠂤”爲“師”，另見“𠂤”下。又，或説早期甲骨文（“師”）字略作曲形，（“堆”）字則不作曲形，後因形近而混用，“追”“官”本皆从。或説二字古本無别。《新甲骨文編（增訂本）》“𠂤”字條收38例，其中10例没有弧度，略作曲形者占絶大多數，且“官”字所从之“𠂤”也多作曲形。金文則相反，獨體“𠂤”字和“官”字所从之“𠂤”都幾乎一律不作曲形。所見“𠂤”字形及使用情况大致如此。

楚簡帛文作，或沿襲古體，增裝飾符號，又或作，以“市”爲“師”。秦簡牘文作，古隸風格，已近今體。參見488.追字條。

298.十

十，甲骨文作，金文作，小篆作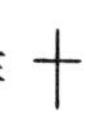。

計數詞。裘錫圭以爲，古人以針的象形符號一竪表示數字“十”，金文字形的中部多加粗，後作點，繼後衍爲短横。銘文“廿”（niàn）作，“卅”（sà）作，“卌”（xì）作，皆用此法。“十”在卜辭、銘文裏用作數詞。提示：甲骨文“七”字寫作，丁山認爲是“切”的初文，義爲切斷，一竪是指事符號。“十”字中間的點演變爲一横以後，與“七”字初文形體相近，但

“十”字的橫很短，“七”字的橫則較長，後世更以竪畫向右斜下彎曲與“十”字區别，如戰國文字有時寫作，小篆作。又，“十”字的構形，或以爲是杖形，或以爲是結繩之形，或以爲是“一”字的竪寫，今録之備考，且知探求構形本意之難。

楚簡帛文作，沿襲古體。秦簡牘文作，已近今體。

299.石

石，甲骨文作，金文作，小篆作。

或説甲骨文第一字形象山石之形，與“厂”（hǎn）爲一字之變。或説象石磬之形，用石頭製成的器物表示石頭。第二字形增“口”作區别符號。本義是岩石、石塊。卜辭用作祭名。銘文或用以表示宗廟裏放置神主的石函，後世作“祏”。或用以表示重量單位，或用作人名。

楚簡帛文作，“口”上增加飾筆。秦簡牘文作，古隸風格。參見293.聲字條。

300.食

食，甲骨文作，金文作，小篆作。

甲骨文字形的下部爲食器“皀”即“簋”，上部从倒置之“口”，或説上象簋蓋之形。合體表示盛在簋裏的食物，會意字。第五字形上下連體，金文沿用。“食”的動詞義爲吃，引申爲享受、祭獻、接納、使用等義。又引申爲虧損，後世作“蝕”。名詞義則指飯食，引申爲糧食、俸禄，又泛指食品。卜辭或用本義，或讀作“蝕”。銘文或用食用、食物義。提示：甲骨文有“飤”字，義爲給人食，文獻或以“食”代“飤”。餵養亦曰食，後世作“飼”。《説文》段玉裁注：“以食食人物，本作‘食’，俗作‘飤’，或作‘飼’。”“飤”是“食”的分化字，“飼”與“飤”同，但“飼”常用於餵養畜類。

楚簡帛文作，篆勢爲主。秦簡牘文作，隸勢爲主，古隸典型。

301.實

實，金文作，小篆作。

有人根據第一字形分析，認爲从宀从毌（貫）从貝。有人根據第二字形分析，認爲从宀从周（琱）从貝，案：“宀”下“貝”上字形或是“琱”字，見《新金文編》。如是，則當爲聲符。有人根據第三字形分析，認爲从宀从田从貝。構形意義難以確定，但皆爲會意字，表示家中富足。本義是指財物豐足，引申爲財物、充實、果實、事實、真誠、確實、果然等義。銘文或用充實義，或用作副詞。

楚簡帛文作，沿襲古體。秦簡牘文作，古隸典型。參見140.晝字條。

302.史

史，甲骨文作，金文作，小篆作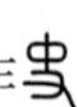。

構形解釋衆説紛紜，難定一尊。一般認爲字形从又，“又”上是“中”形物，通常説成从又持中。王國維説，“中”爲史官所執，内裝日常文案器具。“以手持中”爲“史”，與“以手持筆”爲“尹”的表意方法相同，所以認爲“史”的本義是史官。卜辭、銘文或用如“事”“吏”“使”，蓋“史”“吏”“事”“使”四字的形音義皆相因相成，爲一字分化，故可通用。又或用作人名、氏族名。

楚簡帛文作，稍有訛變。秦簡牘文作，古隸典型。

303.矢

矢，甲骨文作，金文作，小篆作。

象箭鏃之形，本義是箭。文獻除用本義外，又有正直、施行、陳述、發誓等義。又或通“弛”“屎”。卜辭或用本義，或用陳列義。銘文或用本義，或用作方國名。

楚簡帛文作，倒置矢形，觀楚簡帛文“射”字可知。秦簡牘文作，前者篆勢已弱，後者古隸典型。參見287.射字條。

304.士

士，金文作，小篆作。

象形，斧鉞類工具或武器，是武力和權勢的象徵，故借此器形指代負責刑法的官員，引申爲對男子的美稱、低等貴族、士兵、讀書人等義。銘文或用於對男子的統稱，或用作職官名，或指軍士、有才德之人。

楚簡帛文作，沿襲古體。秦簡牘文作，古隸典型。

305.示

示，甲骨文作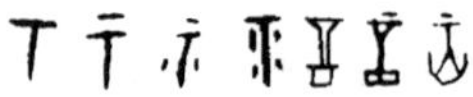，金文作（摹本），《説文》古文作，小篆作。

《新甲骨文編（增訂本）》釋爲“主”。象神主形，所謂“神主”是指古代爲已死的君主、諸侯所做的牌位，用木或石製成，後世民間也立神主以祭祀死者。比較字形可以知道，甲骨文第一字形是基本字形，其餘上下兩側所加都是飾筆，加飾筆以後即分化出“主”和“示”兩個字。有人認爲，“主”“示”“宗”本是一字。卜辭多讀“主”，泛指神主或專指某神主，或用作祭名，又或通“視”。銘文用作人名或族徽。後世多用告示、告知等義。作爲意符，多用於與祭祀、神靈有關的字。

楚簡帛文作，篆意猶存。參見492.宗字條。

306.世

世，金文作（摹本），小篆作。

于省吾認爲，“世”是在“止”的上部增點作區别符號而分化，“止”聲。裘錫圭、劉釗則認爲，“世”由截取“枼”的上半部分化而成，“枼”即“葉”的初文。又或説草木枝葉重累百疊，故用作世代之“世”。古稱父子相承爲一世，引申爲當代、時代、一生、世界、世人等義。戰國金文或增“竹”“立”“示”“歺”(è) 作意符。“歺”的形義難以確定，舊説以爲是去肉的殘骨，裘錫圭以爲“歺”象鏟臿之類挖土工具，或借用爲“尸”或“死”，“世”字从歺，大概表示人自生至死爲“世”。銘文以父子相傳爲“世”。

楚簡帛文作，沿襲古體。秦簡牘文作，已近今體，古隸風格。參見412.葉字條、319.死字條。

307.視

視，甲骨文作，金文作（摹本），《説文》古文作，小篆作。

裘錫圭認爲，甲骨文及西周金文“見”字从屈身之人，而从直立之人者則應讀爲“視”。其後增“氏”爲聲符以與“見”字相區别，金文第一字形从見，氏聲，左右結構，其餘字形上下結構。《説文》古文或作“示”聲、“氏”聲，“氏”或作“氐”，故“視”的異體隸定或作“眎”“眡”，不久淘汰，而以小篆字形結構沿用至今。卜辭及西周銘文多用作偵察、察看、就職治事之義。後世多用爲觀看、看待、比照、效法等義。提示：“見”側重於看見，“視”則側重於主動觀看而忽略是否見到，細味《老子》第十四章“視之不見”句可知。

楚簡帛文作，猶用古體。秦簡牘文作，古隸風格，已近今體。參見162.見字條。

308.首

首，甲骨文作，金文作，小篆

作 。

象形，上象髮，下象面。本爲人頭或動物之頭，後用於泛稱。又引申爲頂端、第一、緊要、首領、開端、首創等義。或用作量詞。卜辭多用本義。銘文用本義。提示：“首”“頭”古音相同，“頭”的繁體作“頭”，从頁（xié），豆聲。“頁”是“頭”的象形變體，“頭”是“頁”即“首”的增聲字。

楚簡帛文作 。秦簡牘文作 。細玩楚秦前後三形，可以推衍漢字演變軌迹，領悟演變規律。而比較甲骨文與金文的兩組字形，則可以看出金文較之甲骨文有了明顯的進步。參見411.頁字條。

309.受

受，甲骨文作 ，金文作 ，小篆作 。

象上下二手授受之狀，中以“舟”字作聲符。裘錫圭采取《說文》“从受，舟省聲”的說法，並認爲，“受”的字形所以選擇“舟”的受授，大概是因爲“舟”與“受”音近，可以兼起表音的作用，早期字形是會意兼形聲。傅根清說，“舟”當爲舟形盤，“受”的本義有接受、授予兩種含義，後世學者把這種語言現象叫作“受、授同辭”。後來爲了從字形上區別字義，就用“受”上加提手旁的“授”專表示授予義，“受”則專用於表示接受義。“受”由接受義引申爲容納、收取、容忍、遭到等義。卜辭、銘文或用授予、接受義。銘文又或指容器的容納（量）。提示：所謂“受、授同辭”，是說同一個字而有兩種相反的意義，如“沽”“賈”“售”“置”皆是。從語詞産生的角度看，比如最初的

“買”也兼有買、賣二義，因爲從一方而言是買，對另一方而言則是賣，故二者音義相因，語出一源。一字兼正反二解，其文義當於具體語境考察。因爲同一個字而有兩種意義相反的解釋，這就容易造成混亂，所以就有了以聲調別義的方法，訓詁學家在解釋詞義時注明聲調，以此區別意義。但聲調不能體現在字形上，故又多采取增改意符或聲符的方法，這些都是漢字孳乳的基本方式和規律。

楚簡帛文作，秦簡牘文作，俱見形訛。

310.壽

壽，金文作，小篆作。

从老省，𠷎聲。“𠷎”即古“疇”字，甲骨文作。楊樹達以爲，“壽”與“禱”於古同音，故認爲“壽”之義源自祈禱長壽的禱告，因用作長壽之義。“壽”的本義是長壽，引申爲壽命、長久等義。銘文或用壽命、年歲、長壽等義，或用長久義，或指年長者。

楚簡帛文作，因循古體。秦簡牘文作，篆隸混一，古隸典型。

311.獸

獸，甲骨文作，金文作，小篆作。

從字形分析，似是从單从犬，單亦聲。“單”爲古代盾形器械，可用於狩獵或征戰。从犬者，狩獵必有犬。而從金文三個字形看，从單从犬亦猶从嘼从犬，“單”即“嘼”。裘錫圭説，“獸”本作“嘼”，“單”字的繁文，所增之“口”爲裝飾符號，亦如金文第三字形右側“嘼”下之从甘，“甘”即“口”中增短横者。“嘼”增意符“犬”則爲“獸”。依此，則“獸”字構形可以解釋爲从嘼从犬，嘼亦聲。本義是狩獵，“狩”的初文。狩獵曰獸，故所獵之物亦曰獸，後世爲動詞義造形聲字“狩”。周官有“獸人”，執掌有關狩獵及貢獻獸物之事，則“獸”“狩”一事。卜辭或用如“狩”，狩獵。銘文或用狩獵、巡行義，或用作人名。

楚簡帛文作，沿襲古體。秦簡牘文作，古意猶存，古隸典型，又可見“嘼”與“單”本爲一事。參見059.單字條。

312.書

書，金文作，小篆作。

从聿，者聲。“聿”即古“筆”字。“書”的本義是書寫、撰寫，引申爲記載、書籍、文字、字體、書法、書信、文書等義。銘文多用本義。

楚簡帛文作，沿襲古體而有訛變。秦簡牘文作，古隸典型。

313.執

執，甲骨文作，金文作，小篆作。

从亯从丮（jǐ）。“亯”即後世之“享”，本爲宗廟之象，祭享之所。“丮”象人伸手做事。“執”从亯从丮，構形意義是向先祖進獻祭品，本義是進獻。《論語·鄉黨》：“君賜腥，必熟而薦之。”因進獻熟食或成熟穀物，故而用作熟食或成熟之“熟”，後世增“火”作意符，而用“孰”作疑問代詞。又由熟食或成熟之“熟”引申爲熟悉之“熟”。蓋“熟”即不生，也可以理解成不生疏，故轉相引申，此中關係可以意會而實難言述，也是漢語、漢字的微妙之處。或説从亯，丮聲。謝明文認爲，“丮”有“夙”音，“孰”可能即“門塾”之“塾”的初文。卜辭“門孰”當讀“門塾”，古代宫門外兩側的房屋曰塾。銘文或讀“熟”，含成熟、審慎、周密之義。古籍多借用爲疑問代詞。提示：小篆“孰”左側所从之“𦎫”（chún）實爲“亯”之變，季旭昇説它是由隸楷逆向“篆化”產生的錯誤字形。今體以形體相近而較爲簡單的“享”字代之。同樣，小篆“郭”字左側所从之“𩫏”實爲“郭”的初文，今體以形體相近而較爲簡單的“享”字代之。由此看出今體字構形的從簡趨向，今體相同的構形部件，其來源可能不同，所以要追溯古形，弄清真相。

楚簡以“筥”“竺”表示“孰”的意義，寫作。秦簡牘文作，古隸典型，“丮”形多訛作“凡”形，至東漢則又訛作“丸”形。

314.戍

戍，甲骨文作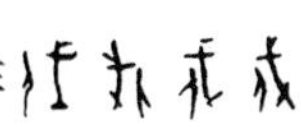，金文作，小篆作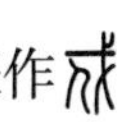。

从人从戈，構形以从人持戈會意。本義是武裝守衛，引申指守衛部隊、士兵或營壘。卜辭或用本義。銘文或用本義，或指戍守之事，或指戍守之地，或用作職官名、人名。

楚簡帛文作，沿襲古體。秦簡牘文作，古隸典型。從今體“戌”字已經難以分析構形本意了，但觀察秦簡牘文“戈”下“人”的字形，可知今體“戌”字左側演變爲一撇一點的由來。

315.朿

朿，甲骨文作，金文作，小篆作。

象囊槖兩頭用繩索捆扎之狀，本義是捆縛，引申爲約朿。又用作量詞。又分化出“朿”字。卜辭或讀“朿”，或用作祭名。銘文或用作量詞，或用作氏族名。提示：“朿”與“朿”形音義都不相同，“朿”象樹木或武器上的刺形，後增意符“刀”作“刺”，从朿从刀，朿亦聲。

楚簡帛文作，沿襲古體。秦簡牘文作，古隸典型。

316.率

率，甲骨文作，金文作，小篆作。

戴侗説象大索之形，上下兩端象所用絞率者，中象率，旁象麻枲（xǐ）之餘。又爲率帶之“率”，字别作“繂”。“繂”爲粗繩索，乃用於牽拉之物，故引申爲引領、率領等義。戴説近是，但甲骨文已有象繩索之形的“索”字，且戴的具體描述則似更近於製作繩索之象，如前後牽拉糾絞，旁有麻皮散落。依此，則“率”的牽拉、引領、率領、遵循、順服、率直等常用意義當由本義直接産生，不必迂迴到“繩索用於牽拉”而引申，故“率”的構形可能是牽絞麻莖之皮以製作繩索，以此表示牽拉、牽引等義。本義當兼名詞、動詞二用，後世分出表示名詞義而增“糸”作意符的“繂”，這種情況符合文字變易孳乳的基本規律。金文第二、三字形增意符“辵”等則是爲了明確表示行爲動作。後由率領義轉而引申爲首領、表率等名詞義。首領義後世多寫作“帥”，音義相同。又用作副詞，皆也。又讀如“律”，有法令、標準等義。卜辭、銘文多用如“達”。《説文》：“達，先導也。”段玉裁注：“經典假‘率’爲之。”又或通“膟”，義爲祭祀所用的牲血或以牲血作供品祭祀神靈。又或用作副詞。銘文又或用作副詞、句中語氣詞，又或與“帥”通用。

楚簡帛文作，沿襲古體，隸定作“達”。秦簡牘文作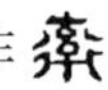，篆意猶存，隸定作“衠”。

317.水

水，甲骨文作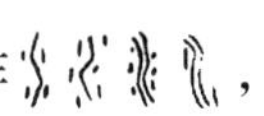，金文作，小篆作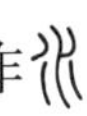。

字形作流水狀，小點表示水波流動。本義當爲河流、流水，亦泛指江、湖、河、海等水源。引申爲一般意義的水及液態水狀物，又引申爲水準。卜辭或特指洪水。銘文或用本義。

楚簡帛文作，沿襲古體。秦簡牘文作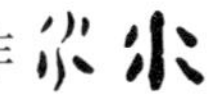，古隸風格。“水”還多作偏旁用於構形，簡牘時代多寫作近似平行的三個横點，後世演變爲今體的三點。

318.司

司，甲骨文作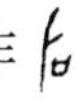，金文作，小篆作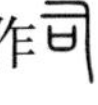。

構形意義未明，初文正、反無别。裘錫圭認爲應讀爲“姛”，指女子年長或尊貴者。文獻多用主持、治理義。用於職官名則有司土、司工、司士、司居、司馬、司寇、司貯等，“司”皆爲主持、治理之義。又通“嗣”“事”“笥”“祠”。卜辭多用如“祀”，義爲祭祀。銘文或用如“嗣”“事”，或解爲主宰。提示：古文字少，往往一字多用，後因踵事增華，形音義或相挾而變，往往面目全非，而實際事出有因，有迹可尋，除分析字形及其流變之外，所倚重者必在音韵、訓詁與文獻。又，因早期字形正、反無别，據反向字形隸定則作“后”，故“司”“后”二字，金文難别。

楚簡帛文作，沿襲古體。秦簡牘文作，古隸典型。

319.死

死，甲骨文作，金文作，《説文》古文作，小篆作。

从人从歺（è），裘錫圭以爲“歺”象鏟臿之類用以挖土的工具，然从人从歺構形意義不明。“死”的本義是指人的生命已經終結。文獻或用如“尸”“屍”。卜辭、銘文或用本義。銘文又或用消亡義，或用主事義。銘文“死事”猶言“尸事”，主事。“尸”者，主也。提示：“死”字所从之“歺”今體作“歹”。

楚簡帛文作，秦簡牘文作，皆沿襲古體而有訛變。參見296.尸字條。

320.巳

巳，甲骨文作，金文作，小篆作。

或説象爬蟲類動物之形。卜辭、銘文或讀如“祀”。銘文又或用作語氣詞。又用同“已”，止也。文獻又或用作子嗣義。提示：《新金文編》解釋説，商代至春秋銘文表示地支第六位的名稱借用“子”字。季旭昇説，商代及西周早期表示地支第六位的名稱用“子”字，其後改用爲“巳”字。古文“巳”“已”不分，唐代以後用上部半缺之“已”字與“巳”字相區别，則“巳”“已”爲一字分化。

楚簡帛文作，沿襲古體。秦簡牘文作，古隸風格。參見489.子字條。

321.寺

寺，金文作，小篆作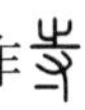。

从又，之聲，“持”的初文。“又”或作“寸”，或增“口”作爲裝飾符號。本義是持。銘文或讀爲“持”，或讀爲“恃”，或讀爲“侍”。或用作方國名，後世作“邿”。文獻又或通“時”“待”“志”“痔”。提示：段玉裁説“諧聲必同部”，即言凡同一聲符之字，古韻即在同一韻部，極少例外，故凡同一聲符之字古或通用。又，“寺”在古代也用作官署名。漢西域白馬馱經初止於負責外交事務的官署鴻臚寺，後另外擇地興建僧院，爲紀念白馬馱經，取名曰“白馬寺”，沿用鴻臚寺之“寺”，其後因以“寺”爲佛教廟宇之稱。

楚簡帛文作，沿襲古體。秦簡牘文作，古隸典型。

322.祀

祀，甲骨文作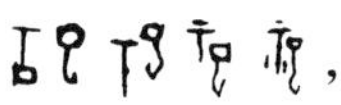，金文作，小篆作，或體作。

从示，巳聲。“示”即“主”，亦即神主，故表示與祭祀或神靈相關意義的字多用“示”作意符。“祀”的本義是祭祀。商周時期用以紀年，帝王在位首年爲一祀，次年爲二祀，以此類推。卜辭多用本義。銘文或用本義，或用以紀年。

楚簡帛文作，篆意猶存。秦簡牘文作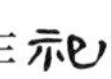，古隸典型。

323.頌

頌，金文作，《説文》籀文作，小篆作。

从頁，公聲。本義是容貌。學者認爲，“頌”本爲容貌之“容”，楚簡中仍用爲容貌字，後被借用爲歌頌之“頌”，沿用至今，而本義乃隱没不聞。銘文用容貌義，或用作人名。提示：“松”字从木，公聲。或體作“寀”，容聲，知“公”“容”音同，則“頌”之从公聲，亦猶从容聲。“頁”即“首”，則“頌”即是首之容，即面容，楊樹達有詳論。此即學者所謂聲中有義，循此或能得漢語隱秘。

楚簡帛文作，沿襲古體。參見411.頁字條。

324.宿

宿，甲骨文作，金文作，小篆作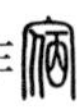。

甲骨文第一字形从人从丙（tiàn），“丙”即“簟”（diàn）的初文，草席。會人在席上睡覺之意。第二字形增“宀”作意符，於義尤顯，隸定作“宿”。人睡覺之處是居處、宿舍，引申爲夜守、寄寓、安守、停留、隔夜、隔年、陳舊、素來等義。又引申指久於其事者、富有名望者。又或用作量詞，今音讀xiǔ。又或用作星宿名，今音讀xiù。卜辭或用作止宿義。銘文或通“夙”。

楚簡帛文作，沿襲甲骨文第一字形。秦簡牘文作，古意猶存，古隸典型。

325.夙

夙，甲骨文作，金文作，《説文》古文作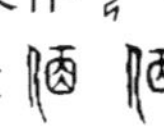，小篆作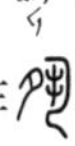。

謝明文説，“夙”字从夕，丮聲，又認爲卜辭用以表示日出前的夜間。胡光煒據甲骨文前三字形説，象人執事於月下，侵月而起。唐蘭解釋甲骨文第四以下字形説，象人手持中木爲火炬。具體構形意義難以言明。“夙”的基本義是早晨，指黎明前，引申爲早年、舊來、平素等義。卜辭或用本義，又或用爲地名、祭名。銘文或用本義，或用作方國名。《説文》古文以“宿”代“夙”。

楚簡帛文作，沿襲古體。秦簡牘文作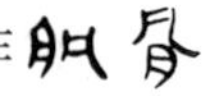，“䏂”訛作“凡”，後者更移“月”於“凡”下，造字初意喪失殆盡，若據“凡月”解字則必將誤入歧途。

326.綏

綏，甲骨文作，金文作，小篆作。

初文从女从爪，即用“以手執女”的會意方法表示女俘或擄掠之義，但有人認爲是表示安撫之義。隸定爲“妥”，後世增意符“糸”作“綏”，與“妥”别爲二字。卜辭或用作人名。銘文多用平安義。

楚簡帛文作，增意符“糸”。

327.歲

歲，甲骨文作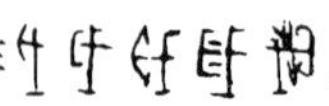，金文作，小篆作。

郭沫若説“戉”是“歲”的初文，本義是斧鉞，後世作“鉞”，象形。後增“步”爲意符作“歲”表示木星之名。蓋木星運行十二年經一周天，運行軌道與黄道最近，遂將周天分爲十二次，“次”有臨時居處之義，則木星每年經歷一“次”，故稱木星爲歲星。字形从步从戉者，言“步越”也。銘文“戉”或用作方國名，即後世“越”字，故“歲”字从步从戉亦猶从步从越，造字寓意實含步越之義，則“歲”的構形當是从步从戉，戉亦聲，或者直接説成从步从越，越亦聲，形聲兼會意，聲中有義。由歲星、星次引申爲年歲義，又引申爲歲月、年齡、一年收成等義。又或用作祭名，一歲一次，故稱“歲祭”。卜辭或用作祭名，又或表示年代。銘文或指歲星，或表示年代，或用作祭名。

楚簡帛文作 ，沿襲古體。秦簡牘文作 ，古隸典型。

328.孫

孫，甲骨文作 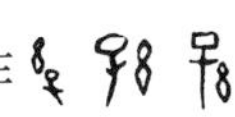，金文作 ，小篆作 。

甲骨文从子从幺（yāo）會意，“幺”象束絲，又同“糸”（mì），其實就是甲骨文“絲”的簡體，表意相同。“孫”的構形是説“孫”是子的延續者，文獻一般指子之子。劉釗認爲當是从子从糸會意，“糸”兼聲符。金文及其後古文所从之“子”與“糸”多相連接，故小篆从子从系，形雖小訛而於義無礙。卜辭疑用作地名。銘文或用本義，或用作氏族名。銘文“孫子”猶言“子孫”。

楚簡帛文作 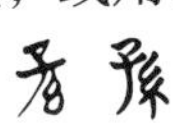，沿襲古體。秦簡牘文作 ，古隸典型。

329.索

索，甲骨文作 ，金文作 ，小篆作 。

甲骨文象繩索之形，金文增“廾”作意符。本義是繩索，引申爲絞搓、搜求、索取、求索、探索等義。用作名詞有法度等義，當由比喻義而來。卜辭或用作方國名。銘文或用本義，或用同“素”。提示：“素”由“索”字分化而出，當即甲骨文  二字，字形以雙手持束絲或繩索會意，蓋“素”初指原始織物，固由

絲麻纖維絞綫編織而成，與“索”形音義皆一脈相承。

楚簡帛文作，沿襲古體，或有訛變。秦簡牘文作，古隸典型。

330.它

它，甲骨文作，金文作，小篆作，或體作。

象形，“蛇”的初文。文獻假借爲指示代詞，乃造“蛇”字表示本義。卜辭或用作指示代詞。銘文或假借爲“匜”。

楚簡帛文作，沿襲古體。秦簡牘文作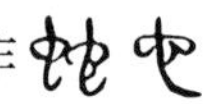，古隸典型。

331.唐

唐，甲骨文作，金文作，《説文》古文作，小篆作。

从口，庚聲。《説文》解爲大言。卜辭多用作商王之名，文獻作“湯”，即大乙。又或用作地名。銘文或用作商王之名，即“湯”。又或用作方國名、人名。

秦簡牘文作，篆勢猶存。

332.堂

堂，金文作（摹本），《説文》籀文作，古文作，

小篆作。

俞樾説，古人封土而高之，其形四方，即謂之堂。“堂”字或从土从尚，或从土从尚省，尚兼聲符，皆會高大土臺之意。戰國文字所从之“土”或作“立”字形。有人認爲，《説文》籀文从土从高省，但仔細分析，“土”上則似是雜糅了“高”和“尚”兩種字形。“堂”的本義是高臺、屋基，引申爲正屋、殿堂、廳堂等義。銘文或讀如“當”。

楚簡帛文作，沿襲古體。秦簡牘文作，古隸風格，已近今體。

333.陶

陶，甲骨文作，金文作，小篆作。

甲骨文从阜从二“勹”，隸定作“阝勹”，應解爲从阜，勹聲。“勹”即“伏”，古無清唇音，與“陶”音近。金文或延續甲骨文字形，或增“土”爲意符，隸定作“陶”。或省“阜”而增“缶”，“缶”兼作聲符，隸定作“匋”。《詩經·大雅·綿》“陶復陶穴”，即掏土穴居，居處如窑。有人認爲，陶穴是下沉式的坑莊，復穴是依坡崖而建的半敞式洞莊，“陶復”即指大穴裏復有小穴。甲骨文“陶”字字形透露出的古人居處信息，與《詩經》義相近，可能接近本義，引申爲瓦器、製作瓦器、化育、培養等義。燒陶之器爲“窑”，燒出之器爲“陶”，音義相承，順理成章，故文獻“陶”“窑”或通用。“匋”“寶”皆从缶得聲，故文獻或通用。卜辭或用爲氏族名。銘文或用作氏族名、人名、地名，或通“寶”。提示：鄔可晶認爲，甲骨文“阝勹”是覆蔽或埋伏意義的“覆”字的表意初文，“匋”字从人持缶，當是作陶器或所作之陶器的表意初文，“匋”“陶”與“㽟”本是毫無關係的兩系字，在東周時期才形近而混淆。録之備考。

楚簡帛文“匋”作，第三字形增从土。

334.體

體，金文作，小篆作。

金文从身，豊聲，後世作“體”，定爲正體。又有異體“体”字，當是爲求筆畫簡者而造的會意字，是典型的俗體字。“體”本爲人體的總稱，引申爲肢體、物體、形體、主體等義，又引申爲體會、體察、體現、效法、體恤、包含、親近等義。銘文或用範式義。

楚簡帛文作，从骨，豊聲。秦簡牘文作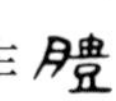，从肉，豊聲，隸定作“膿”。从骨猶从肉，“骨”“肉”皆爲“體”的組成部分，作爲構形部件，表意相同。

335.替

替，甲骨文作，金文作，小篆作，或體作。

“替”的初文。張政烺説，甲骨文从二“立”而上下錯位，“立”象人立於地，二“立”并列爲“竝”，二“立”上下錯位則爲“替”。金文第一字形从二“大”而大小高低不同。“大”爲人形，二“大”猶二人，與二“立”表意相同。到小篆時，二“立”改爲平位并列，爲了與“並”（竝）字相區别就在下面增加“白”作區别符號，“白”後世作“日”，沿用至今。本義是交替、更替，引申爲衰落、廢棄。經典或據小篆或體作"朁"。卜辭、銘文或用廢棄義。

楚簡帛文作，於文讀爲"泥"。參見019.並字條。

336.天

天，甲骨文作，金文作，小篆作。

象正面人形而突出其頭部，有學者認爲是"顛"的初文，而《新甲骨文編（增訂本）》有"顛"字，與"天"的字形無關。"天"的本義是頭頂，卜辭有用例。由頭頂引申，又表示觀念中的主宰萬物者，即至高無上的天神、天帝或天空、天體。趙誠認爲，甲骨文第四字形从上从大，卜辭用以表示天地之"天"，與表示頭頂義的"天"字有别。銘文或用天帝義，或用作人名。

楚簡帛文作，沿襲古體。秦簡牘文作，古隸典型。參見453.元字條、057.大字條、067.顛字條。

337.田

田，甲骨文作，金文作，小篆作。

初文象阡陌縱橫，本義當是指業經開墾的農田，後亦指農官、田獵，一形多用。所謂一形多用，即表面爲一字，而實非一詞。後爲區别詞義，乃孳乳爲"佃""甸""畋"，大致用以稱人則增意符"人"，後或訛變爲"勹"，稱行爲則增意符"攴"，令其各有所司，其後讀音亦或稍變。卜辭、銘文及後世文獻多用上述詞義。

楚簡帛文作，篆意猶存。秦簡牘文作，古隸典型，已近今體。

338.聽

聽，甲骨文作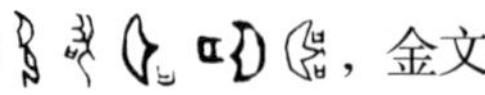，金文作，小篆作。

甲骨文第一字形从人而突出其耳，表示張耳而聽。第二字形增从口，第三、四字形从耳从口，省去人形。第五字形从耳从二“口”。金文沿襲甲骨文三、四字形，隸定作“耶”，“聽”的初文。本指聽的行爲，側重於接受聲音而未必聽見，與“聞”强調聽到有别，讀《老子》第十四章“聽之不聞”可知。由聽人説話引申爲聽取、聽信、允許、同意、聽任、治理、審理、商議等義。卜辭或用聽到、治理義，或用作祭名。銘文或用聽到、聽取義，或用作人名。提示：甲骨文有字，金文作，當即“廳”的初文。蓋其聲入耳曰“聽”，引伸爲聽事，即治理政事，故聽政之所曰“廳”，甲骨文在“聽”字上增“宀”作意符，金文以“广”（yǎn）作意符。“宀”“广”“厂”（hǎn）作爲構形意符表意相同，所以“廳”字在古代文獻裏也可以寫成“广”字頭或“厂”字頭。現在簡化字統一作“厅”，是把原來的意符兼聲符的“聽”换成了純聲符的“丁”。“廳”因“聽”而孳乳，理固昭然。又，“聽”字所从之人形或演變作“壬”，金文又或作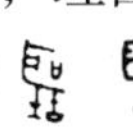，字形與“聖”字相近，故“聽”“聖”二字在相對時段可以表示同一個詞。漢字的形音義貫通流變大致如此，非融通不能會其神妙、得其旨歸。

楚系簡帛讀“聖”爲“聽”，寫作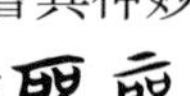。秦簡牘文作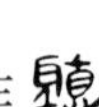，古隸典型，皆整合字形，歸於統一。參見295.聖字條、293.聲字條、357.聞字條、339.廷字條。

339.廷

廷，金文作，小篆作。

隸定作“廷”，“庭”的初文。字形象人立於乚（yǐn），後增“土”作意符。裘錫圭説，“宀”象房屋的縱剖面，“匸”（xì）象房屋的横剖面，“乚”則是“匸”的省形。後增“土”或二三短斜撇，遂演變組成“彡”而用作聲符。人形或又演變爲“壬”而成聲符。銘文多用爲君王布政的場所，引申爲官署、朝廷等義。用作庭院義，後世作“庭”。提示：“廷”字本从乚，後世作“廴”（yǐn或yìn）。“廴”多由“彳”（chì）形演變而成，後世多與“辵”（chuò）混用。又，縱觀漢字發展歷史，許多象形、指事、會意字都有一個聲化過程，這是體現漢字與語言結合的重要一步。聲化的方法之一是直接增加聲符，方法之二是改造，就是把表意字字形的一部分改成形狀跟這部分字形相近或相關的一個聲旁。“廷”字的聲化過程屬於後一種情況。

楚簡帛文作，沿襲古體。秦簡牘文作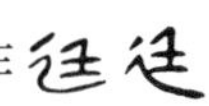，古隸典型。

340.徒

徒，甲骨文作，金文作，小篆作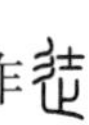。

甲骨文从止从土，會徒步之意，“土”兼作聲符。金文或从彳从土，或从辵从土，从止、从彳與从辵表意相同。本義是步行，引申指步兵、隨從、黨徒、徒弟、刑徒等義，又泛指衆人。銘文或用本義。

楚簡帛文作，沿襲古體。秦簡牘文作，古隸典型。

341.圖

圖，金文作（摹本），小篆作。

从啚从囗，“囗”象國邑，“啚”即邊鄙之“鄙”，甲骨文作，卜辭讀如“鄙”。“圖”从啚从囗會意，或表示畫圖以明疆域，本義是地圖、版圖，引申爲圖畫、謀劃之義。第四字形上部當是“啚”的訛變，其下从心，以示心中圖謀、謀劃之義。銘文或用本義，或用謀劃、圖像義，或用作氏族名、人名。

楚簡帛文作，第一字形从心，者聲。第二字形从囗，者聲。秦簡牘文作，沿襲古體。

342.土

土，甲骨文作，金文作，小篆作。

象地面土塊、土堆，本義是泥土、土地，引申爲疆土。卜辭或指土地神，與“社”同用，蓋築土爲壇，以祭土神，故“社”从土从示。銘文或指土地、國土、土地神，或用作人名，或讀“徒”。提示：東周金文通用爲“土”。或用爲姓氏，應是“杜”或“廉”。

楚簡帛文作，沿襲古體。秦簡牘文作，古隸典型。參見286.社字條。

343.退

退，甲骨文作，金文作（摹本），《説文》古文作，小篆作，或體作。

古“退”字。甲骨文第一、二字形从皀从夊（zhǐ），“皀”即古“簋”字，古代食器。“夊”是倒置的“止”，“止”即足，“止”形倒置表示撤離。“皀夊”會意，表示祭祀完畢撤去供品。第三字形从皿从夊，第四字形从酉从夊，“酉”爲酒器。从皿、从酉與从皀表意相同。金文以後所从食器之形逐漸淡化，多以“彳”爲意符表示行動，又或增“止”，則意符爲“辵”，表意性更强。《説文》或體从彳从内，《墨子·親士》“君子進不敗其志，内（不）究其情”，孫詒讓引用俞樾的意見認爲，“内”當有“彳”字旁，是古“退”字，甚是。卜辭用除去、撤去義。銘文或用後退義，或特指退朝。

楚簡帛文作，沿襲古體。秦簡牘文作，古隸典型。

344.屯

屯，甲骨文作，金文作，小篆作。

甲骨文字形多種，細加玩味，頗似意在描寫植物種子破土而出之象，故“旾”（春）字从屯。卜辭或讀爲“純”“春”或“蠢”，或用作方國名。銘文或讀如“純”，或讀如“敦”。

楚簡帛文作，筆畫起止分明。參見054.春字條。

345.萬

萬（蠆），甲骨文作，金文作，小篆作。

象形，隸定作“萬”。後世或增“彳”“止”或“辵”，隸定作“邁”。“萬”的本義是蝎，蟲名，而借用爲計數詞，故後世增“虫”爲意符造“蠆”（chài）字表示本義。卜辭或用作數詞，或用作地名。銘文或用作數詞，或用以形容無數、無窮。提示：有學者認爲，“邁”表示時間或年壽的長久，是“萬”的孳乳字，“邁壽”與“眉壽”“沬壽”同義。從文字出發，“萬”“邁”固是二字，但卜辭、銘文及傳世文獻皆借蟲名之“萬”爲數詞之“萬”，“萬”，十千也，故引申爲無數、無限等義，與“邁”之表示時間或年壽長久的意義相通，則“萬”“邁”音義俱通，故銘文“萬”“邁”互用。因知探求文字必須探求初形初義，但探求詞義則不必拘於初形初義，而是應該着眼於形音義之間的貫通，清人訓詁的經驗最是明證。

楚簡帛文作，沿襲古體。秦簡牘文作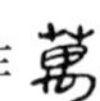，古隸典型。

346.亡

亡，甲骨文作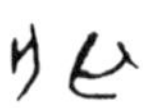，金文作，小篆作。

“芒”的初文。裘錫圭説，甲骨文从刀，而在刃口加指事符號，指事符號或作圓圈形。指事符號作圓圈形者《新甲骨文編（增訂本)》收入"芒"字條下，字形作，則是視爲"亡"的分化字。"亡"在文獻中的常用義有逃亡、外出、遺失、消亡、死亡等。又或讀如"無"，古音相近，且"亡"則"無"矣，義亦通。《列子·湯問》"智叟亡以應"，"亡"即"無"。卜辭、銘文讀如"無""毋"，或讀如"忘"。

楚簡帛文作，比較以上五形，可見筆畫起止連帶對字形的直接影響。秦簡牘文作，古隸典型。參見083.方字條。

347.王

王，甲骨文作，金文作，《説文》古文作，小篆作。

斧鉞在古代是武力和權威的象徵，故用斧鉞的變體表示王權的代表人。卜辭指商王。銘文多指周王。提示：在金文"玉"與"王"形體相近的時段裹，主要區别是"玉"的三横距離相等，而"王"的中横偏上。

楚簡帛文作，三横間距的規定或不嚴格。秦簡牘文作，沿襲古體。仔細研究"王"字歷代字形，古今變化軌迹與規律清晰可見。

348.往

往，甲骨文作，金文作（摹本），《説文》古文作，小篆作。

甲骨文从止，王聲。“往”的初文。金文从彳，𡳿（huáng）聲。《説文》古文意符爲“辵”，从辵與从彳表意相同。“𡳿”隸定或作“㞷”，作爲聲符在隸楷時代多寫作“王”，如“匡”“汪”“狂”等字所从，“王”“𡳿”音近，尚可主聲，而今體“往”的原聲符字則訛變爲“主”，難爲聲符矣。“往”的本義是到某處去，引申爲過去等義。卜辭或用本義。銘文或讀如“皇”。提示：今滬方言“王”“皇”不分，正表現爲古音孑遺，故方言亦是古音古義的化石，方言研究必有助於古文字研究。

楚簡帛文作，沿襲古體。秦簡牘文作，形近今體而古意猶存。

349.網

網（网），甲骨文作，金文作，《説文》籀文作，古文作，小篆作，或體作。

早期字形象張開的網形，古代捕捉飛禽、野獸及魚類的常用器具。用於漢字構形，多作意符置於字的上部，其形簡化爲“罒”，如“羅”“罾”等字。《説文》古文和小篆或增“亡”作聲符，或又增“糸”作意符。卜辭或用本義，或用如動詞。銘文或用作氏族名、人名。

楚簡帛文作，秦簡牘文作，楚秦二體皆加聲符“亡”，與《説文》古文及小篆或體相同。

350.忘

忘，金文作，小篆作。

从心从亡，亡亦聲。亡，無也。心中已無即所謂心不在焉，故忘記，本義是遺忘。銘文或用本義，或用作人名。

楚簡帛文作，沿襲古體。秦簡牘文作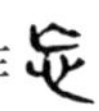，古隸典型。

351.望

望（朢），甲骨文作，金文作，《説文》古文作，小篆作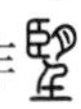。

象一人立地張目遠眺。金文增从月或因表示月相，或因表示望月。豎“目”形近“臣”，故後世“望”字或从臣。豎“目”又或訛作“耳”，又演化作“亡”，乃成聲符。依次比較金文二、三、四、五字形，由从目到从耳再到从亡的演化軌迹清晰可見。“人”形下或加“土”，本來表示人站在地上，“人”與“土”相連則爲“𡈼”（tǐng）字，與“年”字演變相同，這也可以從甲骨文字形的演變情況中看到。“望”的本義是遠眺，引申爲看望、盼望、企圖、景仰、名望、儀容等義。文獻或通“忘”“妄”“方”。又用作祭名、月相名。卜辭或用本義，或用作方國名。銘文多用作月相名。或用作人名。又或通“忘”。

楚簡帛文作，沿襲古體。秦簡牘文作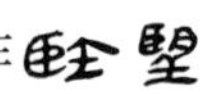，古隸典型，或有減省。

352.威

威，金文作，小篆作。

會意字，从戌从女，或从戊从女。“戊”或“戌”皆代表武器或刑具，與“女”組合會意，表示以武器或刑具施威於女子。本義是威嚇或施威，引申爲欺凌、刑罰、法則、威嚴等義。或與“畏”同用，蓋有威則可畏，“威”“畏”音義相因。銘文或用威儀義，或讀如“畏”。

楚簡帛文作，从戈从女。秦簡牘文作，古隸典型。

353.爲

爲，甲骨文作，金文作，《説文》古文作，小篆作。

會意字，甲骨文从又从象，金文从爪从象，从爪與从又表意相同，表示行爲動作。以手役象表示做事、有所爲，引申爲治理、製作、行爲等義。又用作副詞、介詞。今音有陽平、去聲二讀。卜辭或用相助之義，或用作人名。銘文或用製作、制定、修爲、作爲、充當等義。又或用作介詞，表示目的或被動。又或用作氏族名，文獻作“嬀”（guī）。又或通“化”。

楚簡帛文作，僅存大意。秦簡牘文作，訛變亦多。

354.胃

胃，金文作，小篆作。

上部是胃的象形，下部从肉，表示是體内臟腑。本義是人或動物用以儲存和消化食物的器官。古文獻裏多借來表示“謂”的意義，後世增“言”作意符以明之。

楚簡帛文作，胃的象形部分略有省改，又或在“肉”旁右上方加二斜綫與“月”相區别。銘文或通“謂”。秦簡牘文作，古隸典型。

355.衛

衛，甲骨文作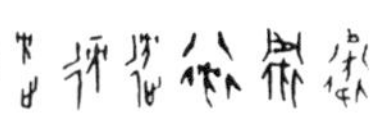，金文作，小篆作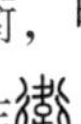。

甲骨文第一字形从止从方，其餘皆从方，而“止”則或作“彳”“行”，或从二“止”，表意相同。《新甲骨文編（增訂本）》收在“防”字條下，説卜辭或用如“衛”。金文字形分兩系，一系承甲骨文从方，如第五字形。另一系从囗（即“圍”）从四“止”，如第一、二、三字形。繁體或从二“止”，而增从彳、从行。金文字形中所从之“方”又或作“帀”（zā），如第六字形。“帀”的俗體增“辵”爲意符，將“辵”寫作“辶”即是“迊”字。“迊”字所从之“辶”與“乚”形近，“乚”又與“匸”（xì）形義俱近，故“迊”又有从匸的異體“匝”字，可見“帀”即“匝”“迊”，有環繞、周圍之義，則从帀與从口、从方表意相同，“口”“方”“帀”都是代表城邑或某特定區域。二“止”與“口”又組合爲“韋”，則兼用作聲符。合體表示守衛城邑或守衛某特定區域。隸定作“衛”，或作“衞”。本義是守衛，引申之，守衛者亦謂之衛。卜辭或用捍衛、防衛、守防義，或指執行防衛的人。銘文或用保衛義，或作方國名、人名。提示：金文一、二、三字形是商代族徽字，象四足環城而坐，故有人説即“圍”的初文。推之初始，“衛”“圍”“口”或本爲一事，且與“防”義亦通，蓋“口”或讀“方”，“口”以形表示，“方”以音表示，表意相同。且包圍、守衛、保衛亦猶“防衛”，意義相因相承。如此思路對研究相關字形的音義關係以及上古語言當有啓發，值得深入討論。又，就古文字體系而言，根據古文字字形隸定的“帀”有兩個來源，一個讀“匝”，一個讀“師”，并非一字。

楚簡帛文衛作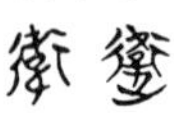，後者增“止”爲意符。秦簡牘文作，沿襲古體，古隸典型。參見467.正字條。

356.文

文，甲骨文作，金文作，小篆作。

甲骨文象人胸前刻有花紋。金文的人胸前明顯有心形等多樣花紋，末字从王从文，是周文王之“文”的專用字。一般解釋“文”特指文身，後泛指花紋，引伸爲文采、紋飾、文德、文字、文章、文化等義。卜辭多用作對先人的尊稱。銘文敬稱先人爲“文”或“文人”，一般認爲是頌揚其有美德。後世多表示非武力的意義。

由此看來，以胸刻花紋表示“文”，又以“文”來敬稱或贊頌先輩，此中必有特別的文化背景和含義，有待探討。

楚簡帛文作，沿襲古體。秦簡牘文作，古隸典型。

357.聞

聞，甲骨文作，金文作，《說文》古文作，小篆作。

《新甲骨文編（增訂本）》收録28個字形基本相同，皆象人跽坐聳耳而以手指口，口上或加二點，似爲以耳聽人口所言或口説而能耳聞。金文第一、二字形是西周早期字形，尚存甲骨文構形大意，後世演化爲从耳，昏聲，隸定作“䎽”或“聀”。“耳”作爲意符於古有之，“昏”作爲聲符則是字形訛變後的聲化。“聞”的本義是聽到、聽説，或自己口述而令人聽到、知曉，引申爲聞達、名望等義。卜辭或用本義。銘文或用聽到、聞名等義，或指聲音的傳播。或通“昏”“婚”“問”。提示：在古代漢語裏，“聽”一般表示用耳朵主動感受外界的聲音，“聞”則是外界的聲音傳入耳中。故“聽”可以引申爲治理義，正如“視”是主動去看，也可以引申爲治事一樣，而“聞”“見”則没有這種意義。至於“聞”的嗅義，則是後起，而且也是經過被動接受到主動去聞的過程。當我們把文字、詞彙、詞義都納入某種體系的時候，我們就會發現其中的規律，如此始得謂之“學”。就是説，凡稱之爲“學”者，必是依系統論之。

楚簡帛文作，字形衆多，有的訛變較大。秦簡牘文作，改變聲符，延用至今。參見338.聽字條。

358.我

我，甲骨文作，金文作，《説文》古文作，小篆作。

初文象兵器，甲骨文、金文第一、二字形堪稱逼肖：長柄、帶齒、有刃，類似斧鉞。郭沫若説即今之鋸，文獻作“錡”。比較金文第一、二字形，可知文字之初的象形或以單綫勾勒描摹，或以塊面顯示實像。甲骨文第五字形是西周字形，但已接近今體，可見許多古文字實際離我們也不遠，如能仔細研究和提取其“遺傳基因”，識字不難。“我”字本是一種兵器，象形。但它終其一生，主要一直擔任着表示第一人稱的角色，就是借其形音而表示别一詞義，與它的本義無關。在卜辭中用作人名、方國名。又用作復數第一人稱代詞，多爲殷商自稱。銘文多用作第一人稱代詞。文獻或通“義”“儀”，蓋二字并从“我”得聲。

楚簡帛文作，沿襲古體。秦簡牘文作，篆隸雜糅，形近今體。對比古今字形，其變化軌迹和規律皆清晰可見。參見361.吾字條。

359.巫

巫，甲骨文作，金文作，《説文》古文作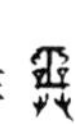，小篆作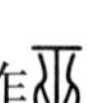。

或説字形象巫者所用的器具，疑是“筮”的本字。本義是巫師。卜辭或用本義。銘文或用作人名。

楚簡帛文作，字形繁化。秦簡牘文作，古意猶存，古隸典型。

360.烏

烏（於），金文作，《説文》古文作，小篆作。

烏鴉的象形。“烏”“於”形音義皆同，爲一字之變，仔細對比金文字形沿革即可一目了然。演變的一個關鍵階段是將原先的獨體字一分爲二，最後演變分化出“於”字，并且逐步分擔不同的功能，但在古文獻裏“烏鴉”有時也寫作“於鴉”。“烏”“於”今音懸殊，但稍明古音者，則爲常識。銘文或用作介詞，相當於“於”。或用作嘆詞，有時以“烏虖”組成嘆詞，後世加口旁作“嗚”。又或用作人名。在一般古文獻裏，“烏”還被借用爲疑問代詞。提示：烏鳥身黑，因而引申爲黑色，故閩粵人或將“黑”換讀成“烏”，此即所謂“同義换讀”，它反映的是異音同義的兩個字可以换用的一種語言現象，又比如讀“俛”（本讀miǎn）和“頫”（本讀tiào或táo）爲“俯”，讀“圩”（本讀xū）爲“圍”，讀“腊”（本讀xī）爲“臘”，讀“仇”（本讀qiú）爲“讎”（chóu）等等，因爲涉及形聲字聲符讀音問題，故舉以上數例作提示性説明。又，論及漢字演變，學界多云“訛變”。就構形合理性而言，違背造字初義而妄自縱横者，皆可稱“訛”。但文字作爲交際工具，本約定俗成，未必處處根據字理損益；而漢字更賴書寫傳播，寫字者不可能人人都能顧及造字理據。就此而言，方便書寫即爲合理。況造字理念代有變革，比如借“訛變”而推動漢字聲化的例子亦多有之，故不能一“訛”以蔽之。

楚簡帛文作，秦簡牘文作，由篆而隸，字形、書風皆相挾而變。

361.吾

吾，金文作，小篆作。

从口，五聲。第二字形叠加聲符“五”，隸定作“吾”。銘文或用作人名，或讀如“禦”。文獻則借用爲第一人稱代詞，此爲借形表音法，與意義無關，與常見的古籍通假也有所不同。如馬王堆帛書本《戰國縱横家書·蘇秦自齊獻書於燕王章》“魚必不聽衆口與造言”，《戰國策·燕策二》作“吾必不聽衆口與讒言”，是知“魚”即“吾”。

楚簡帛文作，沿襲古體。秦簡牘文作，篆意猶存，古隸典型。

362.無

無，甲骨文作，金文作，小篆作。

象一人雙手持裝飾物跳舞，“舞”的初文，本義是舞蹈。《周禮》記載有兵舞、帗舞、羽皇舞。舞既不同，舞者所持或有不同。劉釗説，從金文字形看，可能已經人爲地將“裝飾物”改造成“某”字作聲符。卜辭讀爲“舞”，多指祈雨之祭，因知古所謂舞，實爲祭祀之舞。銘文或用舞蹈義。或表示没有、不要，即“無”和“勿”的常用意義。或用作方國名，文獻作“許”。或用作人名。

楚簡帛文作，沿襲古體。秦簡牘文作，第三字形的來源未有定論，或是對春秋戰國字形删繁就簡而成，或以爲是“夫”之變體，《説文》奇字作。

363.午

午，甲骨文作，金文作，小篆作。

“杵”的初文，象形。古者斷木爲杵，用以舂米築土。後世借以表示地支第七位後，乃增“木”爲意符造“杵”字表示本義。卜辭、銘文或多用以表示地支名。文獻又或通“牾”“仵”“忤”。

楚簡帛文作，沿襲古體。秦簡牘文作，古隸典型。

364.武

武，甲骨文作，金文作，小篆作。

从止从戈會意，金文第一字形表意尤其顯明。本義是從武、用武，引申爲武力、軍事、威武等義。卜辭或用作地名，或用作對先祖的尊稱。銘文或用本義，或用引申義，或特指武士、武德，或用作人名。

楚簡帛文作，沿襲古體。秦簡牘文作，古隸典型。

365.勿

勿，甲骨文作，金文作，小篆作，或體作。

从刀，“刀”旁以幾個小點表示滴血，“刎”的初文。裘錫圭説，在文字發展的過程中，當一個字經常表示假借義或引申義之後，往往就在原字上加一個表意偏旁，即分化出一個以它作聲旁的形聲字來表示本義。這樣加上去的表意偏旁往往與原字的偏旁重復，如“或”與“國”，“益”與“溢”，“勿”與“刎”的關係就是這樣。“勿”的本義是切斷、分割，故孳乳爲“物”，含有區别、類别等義。卜辭或讀“刎”，表示殺生以祭。或讀“物”，指牛毛雜色。或借用作否定副詞。或説甲骨文“物”當是由“勿”“牛”的合文演變而成。銘文或用作否定副詞，或讀“物”，表示物件、事物。

楚簡帛文作，秦簡牘文作，後者爲古隸典型。

366.西

西，甲骨文作，金文作，《説文》籀文作，古文作，小篆作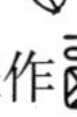，或體作。

一般認爲，字形象鳥巢之形，“栖”（即“棲”）的初文。張玉金以爲甲骨文前三形讀“囟”（xìn），則認爲用作“西”是由於形音相近。卜辭、銘文多用作東西之“西”，方位詞。後世文獻皆沿用。

楚簡帛文作，沿襲古體。秦簡牘文作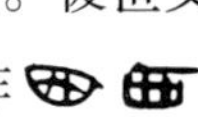，前者是古體的變形，後者爲古隸典型。

367.昔

昔，甲骨文作，金文作，《説

文》籀文作，小篆作。

陳劍説，甲骨文字形上部作交錯紋，是“錯”的初文，“昔”字用以作聲符，下部从日。本義當是表示過往的時日，引申爲久遠、夜晚、終了等義。卜辭、銘文或用本義。提示：《説文》籀文“昔”下从肉，實爲“腊”字，義爲乾肉。又，舊説多引葉玉森認爲，甲骨文从日从，亦聲，表示過去洪水氾濫的時期。“”即古“災”字，字形表示大水氾濫，録以備考。

楚簡帛文作，戰國文字“田”與“日”多互訛，已見於金文。秦簡牘文作，古隸典型。

368.析

析，甲骨文作，金文作，小篆作。

會意字。从斤从木，“斤”，砍伐工具，或即今之錛。以斤破木，會剖開之意。卜辭用作東方的專名。銘文或用從中分開之義，或用作人名、地名。

楚簡帛文作，沿襲古體。秦簡牘文作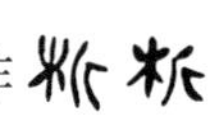，篆意猶存，古隸風格。參見466.折字條。

369.息

息，甲骨文作，金文作，小篆作。

字形上部从自，“自”即古“鼻”字，甲骨文“自”下左右加數個短撇或小點，表示鼻子有氣出入。金文在“自”下加小竪點，表意相同。戰國晚期金文加“心”爲意符，表示通過心肺器官喘氣。季旭昇説从心，自聲。本義是人的喘息、氣息，引申爲休止、滋生等義。用作名詞表示子息，即兒子。也用以稱指小的動物。卜辭或用作方國名、氏族名。銘文或用休止義，或用作人名。提示：“息”的引申義有滋生與休止二義，孳乳之，如兒媳之“媳”語源在子息，故知取滋生義，而熄燈之“熄”則取休止義。詞語孳乳、詞義衍生，往往皆有規律可尋，得其經脈，必至會通之境。

楚簡帛文作。秦簡牘文作，古隸典型。

370.奚

奚，甲骨文作，金文作，小篆作。

甲骨文第一字形从爪从幺（束絲）从人會意，表示用手牽着被繩索捆綁住的人。“爪”或作“臼”（jú），表示雙手。或省“爪”“臼”。“人”或作“大”，或作“女”，表意相同。于省吾説，甲骨文基本字形作編髮罪犯或奴隸，象形。依此，則增从爪者爲會意字，并非从幺。本義是罪隸，後多用作奴僕，故引申指奴隸。卜辭或用作方國名。銘文或解作女奴。文獻多借用爲代詞、副詞，表示疑問。

楚簡帛文作，沿襲金文字形。

371.喜

喜，甲骨文作，金文作，《説文》古文作，小

篆作。

甲骨文基本字形从壴从口，“壴”即古“鼓”字，从壴或即表示鼓樂而歌，内心喜之。第四字形鼓旁加數個小點，當是表示鼓聲震盪。因“鼓”而“喜”，故“鼓”“喜”一事，“口”是區别分化字的符號，但分化之初仍然同用，曾侯乙編鐘銘文有“壴”“喜”“鼓”“鼓”四形而同指一事，可作佐證。《説文》古文增“欠”爲意符。銘文“喜”或指酒食，則與“饎”同用。或表示置酒食而祭，則與“糦”同用。因疑“喜”與“饎”“糦”爲一語孳乳，與“鼓”“喜”一事同理。卜辭或用作人名、地名。銘文除上述用法外，又或用喜悦義，或用作祭名、人名、樂名。

楚簡帛文作，從此四字形可以看出“口”字的兩種寫法，又可以看出字中近似二小竪的形成以及演變成“口”的過程。秦簡牘文作，從此三字形可以看出“口”字從半圓形到三角形再到方形的演變過程。

372.先

先，甲骨文作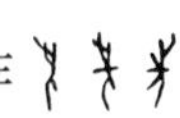，金文作，小篆作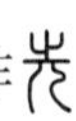。

據甲骨文字形分析，字的上部是“止”或“之”，下部是“人”或“兀”。“先”以“止”或“之”在“人”之上會意，表示走在前面。金文第一字形是常見字形，从止从人，偶或增“彳”表示行爲動作。“先”的本義是走在前面，引申爲先前、前進等義。卜辭或表示時間先後之“先”。或用作方國名，文獻作“侁”“姺”“莘”。銘文或用先行、居於前、從前、祖先等義，或用作人名。

楚簡帛文作，沿襲古體。秦簡牘文作，古隸典型。

373.顯

顯，金文作，小篆作。

从頁从日从絲會意。“頁”是人面的象形。林義光説，人在日下視絲方能看清，以此表示明顯之義。由明顯義引申，則有顯露、顯赫等義。銘文用光明、顯赫義。

楚簡帛文作，沿襲古體。又多以“㬎”爲“顯”，字形作。《説文》“㬎”字條説“古文以爲‘顯’字。”秦簡牘文作，古隸典型。參見411.頁字條。

374.縣

縣，甲骨文作，金文作，小篆作。

金文从木从幺从首，以繩索繫首懸挂於木會意。反觀甲骨文數種構形，雖不能得一確解，但亦當有懸首之意。本義是懸挂，則古讀“縣”爲“懸”，“縣”“懸”一字。後世加“心”爲意符，則似已引申爲心中懸掛、懸念之義。卜辭或用作地名。銘文或用懸掛義。或用以表示行政區域單位，亦隱含懸屬之義。或用作氏族名。

楚簡帛文作，沿襲古體。秦簡牘文作，古隸典型。

375.獻

獻，甲骨文作，金文作，小篆作。

甲骨文从犬从鬳，鬳亦聲，形聲兼會意。“鬳”即古“甗”字，甲骨文作，金文作，後與“鬲”形近相混。金文或从犬从鬳，或从犬从鼎，“鬳”“鬲”“鼎”都是燒煮、盛放食物的器具，作爲構形部件，表意相同。或省形作从虎从犬、从虍从犬。合體會意，當是表示將犬置於器中作爲祭品而進獻。劉釗説“犬”是累加聲符。“獻”的本義是進獻或進獻祭品。“鬳”从虍聲，也可以叫“从虎省聲”。“从某省聲”是指聲符字有時因爲構形需要而略有簡省。後世“獻”字以“鬳”爲聲符、以“犬”爲意符沿用至今。“獻”“甗”皆从鬳得聲，故或通用。銘文或用進獻義，或讀“甗”，或用作人名。提示：由於時空等原因，古文字形多有省變，準確理解基本字形是準確釋讀的前提，故字形分析當以基本字形爲主要依據，但同時也要捕捉其他字形中的信息作爲參考。

楚簡帛文作，沿襲古體，略有訛變。秦簡牘文作，以篆意爲主。

376.相

相，甲骨文作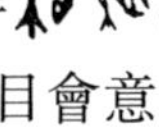，金文作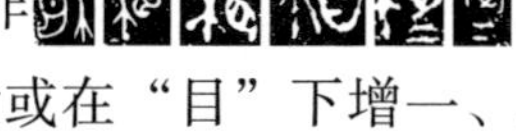，小篆作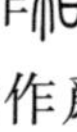。

初文从木从目會意，後世或在“目”下增一、二短横作爲裝飾。戴侗説，木工用木必先仔細觀察木材，選其所宜，故以“目木”會意。“相”的本義是察看，引申爲占視、治理、輔佐等義。由輔佐義引申，則稱輔佐君王者爲相，亦稱扶助盲人者爲相。卜辭或用作地名。銘文或用輔佐義，或用作職官名，或通“箱”“喪”。

楚簡帛文作，沿襲古體，異寫較多。秦簡牘文作，可見秦系文字有簡化、統一之功。

377.香

香，甲骨文作，金文作，小篆作。

从黍从口，以黍入口會意，表示黍味芳香。或以爲“口”是“香”與“黍”相區別的符號。後世“口”作“甘”，當是重構意義。“甘”又演變爲“日”。本義是穀物的芳香，引申爲泛稱。卜辭用作地名。銘文或用本義。

378.享

享（亯），甲骨文作，金文作，小篆作，或體作。

甲骨文以及金文第一、二字形最具象形性，字象宗廟，祭祀祖先的處所。第三、四字形是金文常見字形。隸定作“亯”，後世作“享”，實爲一字之變。本義當爲以酒食祭祀先祖，故有祭品、祭祀、進獻、享用等義。卜辭多用作本義，或用作地名。銘文多用本義。提示：“享”後世又分化出“亨”“烹”二字，故“享”“亨”“烹”三字古籍多通用。

楚簡帛文作，沿襲古體。秦簡牘文作，古隸典型。論者或説小篆二體，前者實爲籀文，後者爲小篆，正與楚、秦簡牘文對應。參見379.饗字條。

379.饗

饗，甲骨文作，金文作，小篆作。

“饗”的初文，甲骨文象二人跽坐面對食器皀（即“簋”），無論繁簡皆表意明確。其中第一字形與金文字形是基本字形，所从人形和器形都較爲一致，其他字形，有的所从器形更加象形，有的則明顯演化爲接近後世的“食”字形。“饗”的本義是相聚宴飲，有設筵宴請、接受宴請、設酒食祭祀等義，也指宴請或祭祀所用的食品。又用作鄉黨之“鄉”、公卿之“卿”，各據形隸定。又由對食引伸爲相嚮之“嚮”，後世與“向”通用。有人認爲，甲骨文末一字即爲方向之“向”的初文。起初一字兼“鄉”“卿”“饗”“嚮”四字之用，後世分化爲四字，乃各專所司。“饗”與祭享之“亯”的初義不同，要注意區別。卜辭或用如“饗”，或用如“嚮”。銘文或用設筵宴飲義，或用如“卿”，或用如“嚮”，偶或用如“亯”，或用作人名。提示：甲骨文“饗”字所从之對食二人有簡繁二體，簡體不加口形，意義已明。繁體加口形而向内，表示享用，表意更加明確。“即”字作人面對食器之形，無需口形而意義已明。“既”字表示吃完，故需加口形而向外。這些細節體現的造字智慧貫串在整個漢字系統中。我們進而統計：《新甲骨文編（增訂本）》收“饗”字33例，《新金文編》收43例，此76例中，無一例是人形相背者。《新甲骨文編（增訂本）》收“即”字30例，無一例人形相背。《新金文編》收“即”字42例，除一例誤字外，無一例人形相背。《新甲骨文編（增訂本）》收“既”字37例，其中36例加向外的口形，衹有一例不加口形，寫作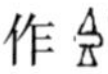，但以背對食器，表意也很明確。《新金文編》收“既”字125例，其中122例加向外的口形，一例口向不明，一例爲誤字，衹有一例誤作口形向內。須知以上統計的字形出自不同時代、不同器物、不同人手，其時空跨度非常之大，而所見嚴謹嚴密竟至如此，其難能可貴令人嘆服。

楚簡帛文作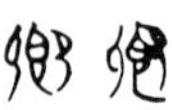，沿襲古體，讀“饗”“卿”“鄉”。參見300.食字條、149.即字條、153.既字條、378.享字條。

380.向

向，甲骨文作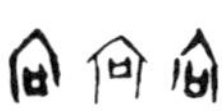，金文作（摹本），小篆作。

从宀从口，舊説以爲是房屋北墻開出的窗户，象形。裘錫圭説，可能是表示人在屋裏張口説話，本義是回響、回音，則“向”是“響”的初文。文獻用假借義，有向着、方向、趨向、臨近等義，後世造“響”字表示本義。卜辭用作地名。銘文有“向公”，“向”當是出自地名、氏族名或方國名。提示：研究以上甲骨文、金文幾種字形，可以看出古人的書寫過程。陸游所謂“推尋點畫到曲折，想見落筆縱橫時”，確是古文字學習一法。

楚簡帛文作，形體與戰國晚期金文相近，“口”中或增

裝飾符號。傳抄文字或增意符作。

381.象

象，甲骨文作，金文作（摹本），小篆作。

象大象之形，本義是大象。卜辭或用本義，或用作人名。銘文或用作人名。提示：《新甲骨文編（增訂本）》收録14個字形，雖然“體態”各不相同，但無一不以長鼻爲其特徵，可見古人造字注重表示特徵。金文初形是族徽文字，象形意味很濃，甲骨文則可視爲寫意，一般金文則更見綫條化、符號化。裘錫圭説，同一個字在銅器上用作族徽時的寫法，往往要比一般使用時更接近圖形。這種區別是文字的古體與今體之别，而不是圖形與文字之别。同一個族徽往往有時寫得比較象形，有時也寫得與一般金文比較接近。有些圖繪性比較濃厚的、現在還無法確解的族徽，在殷墟甲骨文中就有用作族名或人名的例子。與這類象形程度比較高的文字相比，一般金文和甲骨文的寫法要簡單得多，不少字已經變得不那麽象形了，其書寫技巧也達到了很高的水平，説明到了商代後期，漢字脱離原始文字階段而形成完整體系的時代，應該已經有了一段不太短的時間。但文字中一些比較原始的迹象又説明，商代後期距離漢字形成完整體系的時代似乎也不會很遠。

楚簡帛文作，沿襲古體，略有訛變。秦簡牘文作，古隸典型。

382.囂

囂，金文作，小篆作，或體作。

从頁从㗊，第二字形增从高省聲。“頁”即“首”。从頁从㗊合體會意，表示衆口喧囂，本義是喧嘩，引申爲囂張、放肆等義。銘文或用本義，或用作人名。提示：文獻“囂”或作“敖”“嗷”，可知“囂”“敖”“嗷”音近，則囂囂者，嗷嗷也，今語或稱叫囂聲爲“嗷嗷”，可見自有淵源。故文字、詞語以及語音的研究，必須由流溯源，由源及流，瞭解古今流變，始得貫通。

楚簡帛文作，多沿襲古體。“莫囂”是楚國官名，典籍作“莫敖”，字形偶或增“邑”“戈”爲意符當與此有關。

383.小

小，甲骨文作，金文作，小篆作。

以三小點表示細小之物，同時借以表示細小之義。甲骨文“少”作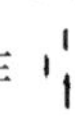，顯系由“小”字孳乳，“小”“少”音近義通。卜辭、銘文及後世古籍“小”“少”多通用。馬叙倫説，物之細小者莫如沙，故定甲骨文三小點爲“沙”的初文。其實，“沙”爲具象物，“小”爲抽象義，就造字表意法而言，二者固通。後世文獻“少”或作“沙”，或作“瑣”，音義俱近。進而尋繹，从小之字亦多含小義，由此可以窺見漢字内涵的精微之處，唯深藏已久，難以揭明。卜辭、銘文用作大小之“小”。

楚簡帛文以“少”爲“小”，作。秦簡牘文作，古隸典型。

384.孝

孝，金文作，小篆作。

早期銘文从子，考省聲。或是因爲盡孝爲子輩之事，故从子，則“孝”也可以理解爲形聲兼會意。“孝”在早期當含祭祀先祖和孝敬老人二義，二義相因。金文“孝”或从食，明顯透露“孝”爲以食祭享先祖或孝敬老人之義。古有習語“以孝以享”，則“孝”有以享盡孝之義。銘文或用本義，或通“考”。提示：或説“孝”从老省，而“老”“考”本爲一字，“考”本由“老”分化，故説“孝”从老省亦通。“考”又分化出“孝”，故“孝”或通“考”。

楚簡帛文作，沿襲古體，略有訛變。秦簡牘文作，古隸典型。參見194.老字條。

385.協

協，甲骨文作，金文作，《説文》古文作，小篆“劦”作，“協”作。

甲骨文簡體从三“力”，偶作二“力”。或增“凵”作意符，“凵”多作“口”形。繁體从二“耒”二“犬”。“力”“耒”都是翻土農具，从力與从耒表意相同。三“力”并列或二“耒”二“犬”并列都表示合力耕作，會協同之意，引申爲和諧、協調等義。金文簡體依甲骨文第四字形，繁體从二“耒”三“犬”，表意相同。初文作“劦”，後世分化成多體，今體作“協”。卜辭或用本義，或用爲地名。銘文或用和洽義，或說用作祭名。提示：《說文》古文字形从曰从十，以會合衆口、衆口相叶會意，十亦聲，隸定作“叶”。《說文》又謂或从口作“叶”（xié），今被用作“葉”的簡化字。

楚簡帛文沿襲古體，字形複雜，從略。參見199.力字條。

386.心

心，甲骨文作，金文作，小篆作。

象形，本義是心臟。古人認爲“心之官則思”，故引申爲心理、思想、思維、感情、意志、思考等義。卜辭用爲地名。銘文用抽象義，指思想。提示：“心”作爲構形部件多用在表示心理、性情一類的字裏作意符。需要注意的是，意符字用在不同位置可能會有不同的形態。如果作偏旁用在字的左側空間偏長位置，就自然簡化爲“竪心旁”，如“性”“情”等字。如果用在下方偏寬的位置，字形壓扁即可，結構不會有較大變化。但如果用在下方空間偏窄的位置，爲了美觀和方便書寫，字形必然會相應改變，如漢碑“恭”或作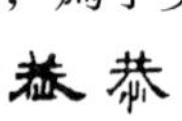，“慕”或作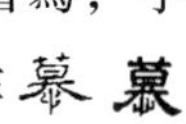，稍加比較，我們就能體會到其中的演進過程，而且會認識到這些變化是自然的，因而也是必然的，比如當楷書把漢碑“恭”“慕”中“心”字的一竪順筆勢寫成左向鉤的時候，自然就成了現代漢字的字形。就獨體“心”字而言，若依次比較甲骨文、金文、楚簡帛文和秦簡牘文字形，并進而往下一個歷史時段考察，如漢代以下依次作

，我們就能從中清楚地看出它由篆書、隸書、楷書到草書的演進過程。

楚簡帛文作，秦簡牘文作，字形皆沿襲古體而風格大變。

387.欣

欣（訢），金文作，小篆作。

从言，斤聲，隸定作“訢”。後世改意符“言”爲“欠”，隸定作“欣”，見下秦簡牘文字形。本義是喜悦。銘文或用本義。提示：“欠”，甲骨文作，象人張口出氣。作爲意符，从言與从欠無别，若“詷”之與“歌”。从口與从欠無别，若“嘔”之與“歐”。如此之例，不勝枚舉。又，古文字也常見“忻”字，與“欣”字音義同。

楚簡帛文作，讀爲“祈”。秦簡牘文作，隸定作“欣”。

388.新

新，甲骨文作，金文作（摹本），小篆作。

“新”即古“薪”字，其初文當是甲骨文第三字形左側之所从，也就是第五字形从辛从木的合體。从辛从木表示以辛（砍伐器具）伐木，正是柴薪之義，辛亦聲。而第三、五字形中的“斤”是累增的意符，與从辛同義。依此，則甲骨文第一、二字形皆爲第三、五字形的簡寫，第四字形从戈，“戈”也是疊加意符，與从斤表意相同。金文基本字形沿襲甲骨文第三字形，第三字形沿襲甲骨文第五字形，衹是“木”和“辛”改成上下结構。“新”的本義是柴薪，文獻多假借爲新舊之“新”，後世造“薪”字表示本義。卜辭、銘文或表示新舊之“新”。銘文或指刑徒，因用刑徒爲宗廟采薪而得名曰“新”。或作人名。

楚簡帛文作，沿襲古體。秦簡牘文作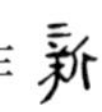，古隸典型。

389.信

信，金文作，《説文》古文作，小篆作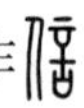。

一般解釋爲从人从言，人亦聲；或从言，人聲。“人”或作“身”，或作“千”，“人”“身”“千”古音相近。“言”或作“口”，二者義近。又或兼用“玉”和“心”，《説文》解釋“瑞”字説“以玉爲信也”，則“信”字所从之“言”“口”“心”“玉”亦似皆爲意符，則“信”字爲形聲兼會意。以上金文字形多不流傳，而《説文》古文或沿襲第二字形，隸定作“𠈇”。銘文或用本義，或用作人名。

楚簡帛文作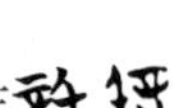，沿襲古體。秦簡牘文作，已近今體而篆意猶存。

390.星

星，甲骨文作，金文作，《説文》古文作，小篆

作，或體作。

甲骨文从二或多形，生聲。金文从晶，生聲。本義是星星、星體。文獻多用星體、星宿等義。卜辭或用本義，或讀“晴”。銘文或用作人名。提示：甲骨文有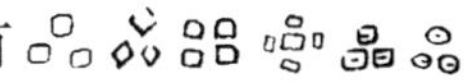等字，或釋“晶”。今考“曐”的古文異體或作“曑”，从三口形，生聲。由此可以推知：甲骨文从二或多形，形中或增小點爲飾筆，故隸定作“晶”。其實就是最早的“星”字，後增“生”作聲符，隸定作“曐”字。因爲日、月衹有一個，可以用象形字表示，而星星衆多，所以就用幾個小圓圈表示群星。幾個加小點圓圈的字是“晶”，圓圈不加小點而在下面加“生”作聲符的字是“曑”，“晶”字形下面加“生”作聲符就是“曐”，“晶”“曑”“曐”本是一事，金文“參”字以下四個異構可作佐證。後世以“晶”專用於表示明亮的意義，以“曑”“曐”“星”專用於表示星星的意義，最後從簡作“星”。“晶”“星”二字古音也很接近，稍明古音即知，故考察古文字必待古音之學。

楚簡帛文作，沿襲古體。秦簡牘文作，古隸典型。參見026.參字條。

391.興

興，甲骨文作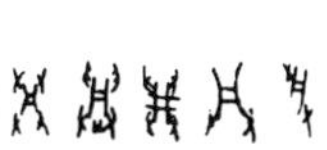，金文作，小篆作。

基本字形的上下是兩隻手形，同聲。亦可理解爲合體會齊力舉起之意，則“同”兼表音義。“興”的本義是舉起，引申爲興起、升起、推舉等義。卜辭或用本義，或用作祭名、方國名、地名。銘文或用發動、動用義，或用作氏族名、人名。

楚簡帛文作，沿襲古體。秦簡牘文作，古隸典型。提示：從古文字各體可見所从之“臼”（jú）“廾”形變的歷史。

392.兄

兄，甲骨文作，金文作（摹本），小篆作。

从口从人，裘錫圭説，从口是表示兄長爲發號施令者，則爲會意字。金文或增“㞷”作聲符，或增“人”爲意符。本義是兄長。卜辭、銘文或用本義。銘文又或用作人名。或讀“貺”，沈培説，字形作“”者一般讀如“貺”，義爲賜予。

楚簡帛文作，沿襲古體。秦簡牘文作，古隸典型。參見485.祝字條。

393.休

休，甲骨文作，金文作，小篆作，或體作。

从人从木，表示人在樹蔭下休息。本義是休息，引申爲休假、休止、終結、離開、辭職等義。由在樹蔭下休息而引申出庇護義，又引申指先輩留給後人的封賞，即福蔭。又引申爲美善、福禄、贊美、吉慶、喜悦等義。文獻或作“庥”，與《説文》或體相同。卜辭或用作地名。銘文多用作美善、止息、賞賜等義，或用作嘆詞，或用作人名。提示：甲骨文第三字形是西周甲骨文，與金文毫無二致，這個事實啓發我們認識到，甲骨文與金文之所以存在風格差異，一個是由於載體不同、書寫方式不同造成的，另一個則是因爲甲骨文屬於俗體一類，而金文則屬於正體一類。

楚簡帛文作，沿襲古體。

394.羞

羞（饈），甲骨文作，金文作，小篆作。

甲骨文从又持羊會意，“又”偶作“廾”或“爪”，“羊”偶作“牛”。本義是進獻，後世以手形“又”的變體“丑”字作聲符，字作“羞”。進獻曰羞，故所獻美味亦曰羞。美味意義的“羞”字，後世增“食”旁作“饈”。“羞”在文獻中多假借爲羞辱之“羞”。卜辭或用進獻義，或用作地名。銘文或用進獻、追擊義，或用作氏族名、人名。

楚簡帛文表示進獻之“羞”从肉，作。表示羞耻之“羞”从心，脜（róu）聲，作，又或直接作，隸定作“脜”。秦簡牘文作，隸篆雜糅。

395.臭

臭（嗅），甲骨文作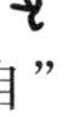，金文作，小篆作。

初文从自从犬。“自”即古“鼻”字。犬鼻嗅覺靈敏，故以

“犬鼻”會意，本義是氣味或用鼻子去聞氣味。詞義縮小後專指穢惡難聞的氣味，在本字字形上增加意符造“齅”“嗅”二字表示聞氣味，後“嗅”行而“齅”汰，取簡棄繁也。增“口”作意符，或連類而及以口品味。由此看來，“嗅”是“臭”的分化字。在字形分化前，古人用以區别意義的方法是破讀，按照今音來解釋就是，表示本義時讀xiù，表示穢惡難聞的氣味時讀chòu。破讀法不能在字形上區别意義，於是新造增意符的分化字。《説文》有“殠”字，解釋爲“腐氣也”，即表示難聞的氣味，也是“臭”的分化字，今音讀chòu，可見古人爲了解決文字形音義的糾纏曾經想出多種辦法。“臭”在卜辭中或用作人名。銘文或用本義，或用作人名。

楚簡帛文作，已見訛變。秦簡牘文作，古隸典型。

396.須

須，甲骨文作，金文作，小篆作。

甲骨文字形象一個突出口形的人，“口”下作鬍鬚狀。金文是在頭的象形字“頁”旁加須毛，小篆將“須毛”與“頁”分爲左右兩部分。隸定作“須”，“鬚”的初文，本義是鬍鬚。分别言之，口下曰“鬚”，頰旁曰“髯”，口上曰“髭”。“須”在文獻裏或用作等待之義，亦作“盨”。或用作必須之義。後世造增意符“髟”（biāo）的“鬚”字表示本義。“髟”是長髮貌，作意符使用，其字多與頭髮、鬚毛相關。增加意符後易於目治，如“鬍鬚”二字，即使單獨使用也能見而察義，但字形繁複，不便於書寫。今簡化爲“胡须”，不利於理解，但極便書寫。文字的發展與進步，總是在類似的矛盾中不斷權衡利弊，加以選擇、調整而實現的。“須”在卜辭裏疑讀“盨”。在銘文裏或用作氏族名、人名、器名。其中器名是“盨”的假借字，多在“須”上加意符“皿”“米”或“金”，字作等形。器形橢圓，斂口，圈足，兩耳，有蓋，作用與簋相近。

楚簡帛文作，沿襲古體。秦簡牘文作，古意猶存。

397.需

需，金文作，小篆作。

从雨从天，“天”後世訛作“而”，隸定作“需”，一般認爲是“濡”的初文。舊解多認爲是以“雨天”會意，表示下雨不宜出行、必止而等待。本義是等待、尋求。銘文或讀“糯”，即今之糯稻。提示：據《漢語大詞典》，“需”或音ruǎn，解爲柔軟。或音nuò，義與“懦”同。續考以“需”爲聲符之字多有柔軟之義，以“更”爲聲符之字多含生硬之義，則“需”爲糯米之“糯”，取義於“軟”；粳米之“粳”，義源在“硬”。此類現象前代學者多有揭示，如宋人王聖美、王安石就認爲，許多形聲字的聲符都兼有表義作用。因爲形聲字的聲符大都在字的右邊，故將這種理論稱之爲“右文説”。“右文説”反映了部分形聲字的實際，也是後代聲近義通理論的一個根據，但將此理論無限擴大以至絶對化顯然十分荒謬。此外可以補充糾正的是，即使有些情況可以用“右文説”得到合理的解釋，但拘泥於“文”也是一個局限，如上文説以“更”爲聲符之字多含生硬之義，實際可以由“右文”擴展至“右聲”，如“粳”的異體還有换聲符字“秔”“粇”等，所以語源和同源詞研究不能僅靠看字形。同源字（詞）研究，實際就是字詞音義關係研究，是對漢語、漢字更深層次的研究，對認識漢語本真、揭示漢字内涵具有特别意義，本書所説“孳乳字”“形聲兼會意”“聲中有義”“音義相因相成”“从某聲之字多有某義”等，皆此類也。雖或非篤論，但實宜深思。

楚簡帛文作，已見訛變。

398.亘

宣，甲骨文作，金文作，小篆作。

从宀，亘聲。舊來解爲天子宣室，古宫殿名。高鴻縉説，本爲通光透氣之室，故周太廟内講武堂名宣榭，有柱無壁。由此引申爲寬大、驕奢、普遍、疏通、顯示、表達、傳達、明白、傳播、宣揚、普遍等義。卜辭疑用作方國名。銘文或用宣揚義，或用作人名。

楚簡帛文作，沿襲古體。秦簡牘文作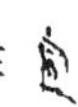，古隸典型。

399.學

學，甲骨文作，金文作，小篆作，或體作。

甲骨文或从宀从爻，表示在室中教學，爻亦聲。或从臼（jú），表示雙手的動作。金文增“子”作意符，或表示教後生小子受學。或增“攴”作意符，表示行爲動作。有學者認爲，“學”或應解爲从爻从六，或从廾从爻，或从臼从六从爻省形，表示以算籌學習占卜數理之術，可備一説。施者爲“教”，受者爲“學”，二者音義相因相成。據金文隸定或作“斆”，用於教人義後世作“教”。卜辭多用作“學”，或讀作“教”。銘文或用學習、效法、學校義，或用教學、傳授義。

楚簡帛文作，所从之“爻”簡化爲一竪。秦簡牘文作，古隸典型。參見165.教字條。

400.雪

雪，甲骨文作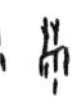，金文作，小篆作。

唐蘭説从雨，彗聲。本義是指自然界的雪或下雪。卜辭或用作動詞，下雪。銘文用法難明，王輝説讀“鏏”，小簋。或説讀“饋”。提示：甲骨文所从等形實是古“彗”字，是掃帚的象形，《説文》解釋爲掃竹，今稱掃帚，故彗星又稱掃帚星，蓋因尾部拖有長光，形似掃帚。掃帚之用在於清掃，因而引申爲清除、更新等義，故卜辭或指疾病治愈。古語用“擁彗”表示對人尊敬，是説拿起笤帚清道奉迎，漢畫像石中的擁彗圖可作佐證。“雪”字从彗得聲，故亦有清除義，又引申爲清洗、更新等義，由此又孳乳爲聰慧之“慧”。“慧”“彗”音義并通，古或通用，古人造字、用字智慧如此。又，“彗”的異體作“篲”，从竹彗聲。《説文》古文作“簪”，从竹，習聲。這使我們認識到兩點：第一，“習”與“彗”古音相近。第二，“習”字應該是从彗得聲，甲骨文“習”字正作，从日从彗，彗亦聲。《説文》解釋爲“數飛也。从羽从白”，或説“白亦聲”，皆誤。故治學應力求舉一隅而反三。

楚簡帛文作，从雨，毳聲。

401.亞

亞，甲骨文作，金文作，小篆作。

或説象王室墓道之形。或説象古代族居的建築群，認爲這些建築群的布局能够顯示其血緣或聯姻的遠近次第，故引申出匹配、靠近、相次等義。姐妹的丈夫也互稱爲“亞”，後世作“婭”。卜辭或用作氏族名。卜辭裏的“某亞”可能與商王是同族兄弟關係，“亞某”可能是與同族聯姻的外族，“亞宗”之“亞”可能表示次第關係。銘文或用作氏族名，或説又表示王畿之地或職官名。

楚簡帛文作，沿襲古體，增加飾筆。

402.言

言，甲骨文作，金文作，小篆作。

甲骨文“舌”作，金文或作，學者認爲，“舌”上增短横作指事符號表示舌之所出者“言”也。或以爲短横是區别符號。本義是説話、言語。動詞義引申爲告知、訴説、議論、陳述等義，名詞義引申爲言論、見解、學説、著作等義。提示：“言”“音”古爲一字，蓋“言”出則有“音”，後世以加短横者區别爲“音”字。而金文“舌”字所从之“口”中或有横點，則“舌”上加指事符號後亦即爲“音”矣。卜辭或讀“歆”，饗也。銘文或用説話、説出義。

楚簡帛文作，從以上字形可以看出今體“言”

字的形成過程。秦簡牘文作，形態和風格的變化清晰可見。參見285.舌字條。

403.炎

炎，甲骨文作，金文作，小篆作。

从二火會意，本義是火光，引申爲焚燒、炎熱、旺盛、炎癥等義。卜辭或用作人名。銘文或用作地名，文獻作“郯”。

楚簡帛文作，沿襲古體。秦簡牘文作，古意猶存。

404.顏

顏，金文作，《説文》籀文作，小篆作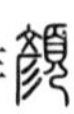。

劉釗説从面，彥聲。即“面”，“彥”中三斜撇是後世增加的飾筆。“顏”的本義是眉目之間，引申爲面容等義。銘文或用作氏族名。

楚簡帛文作，承古而變。秦簡牘文作，古隸典型。參見228.面字條。

405.燕

燕，甲骨文作，小篆作。

甲骨文象飛燕之形。卜辭假借爲宴饗之“宴”。金文有字，形義與飛燕無關，銘文用作方國名，隸定作“匽”，或增意符

“邑”，隸定作“郾”，後世以象形字“燕”代之，如舊指今河北省爲“燕”，今音讀陰平。

楚簡帛文作，从鳥，晏聲，新造形聲字。秦簡牘文作，沿襲古飛燕之“燕”的字形而作古隸風格。

406.羊

羊，甲骨文作，金文作，小篆作。

用羊頭形象代表羊，象形。卜辭或用本義，或用作人名。銘文用本義。文獻或通“祥”“詳”“翔”。

楚簡帛文作，沿襲古體。秦簡牘文作，已近今體。

407.陽

陽，甲骨文作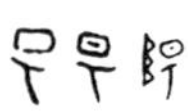，金文作，小篆作。

李孝定認爲，甲骨文从日在丂（kǎo）上，“丂”即“柯”字初文，這裏可解爲樹枝，則“陽”的初文象太陽高掛在樹枝之上，“暘”的初文，《説文》：“暘，日出也。”後世多增“彡”表光芒，“彰”“彩”等字之从彡皆爲此義。又多增“阜”爲意符，或增“土”或“山”作意符，皆表示山之南、水之北的地方，即太陽直接照射之處，爲陰陽之“陽”。段玉裁説，“昜”是陰陽之“陽”的正字，“陰陽”行而“侌昜”廢矣，則“昜”字即後世之“陽”，於古通用。卜辭或讀爲“暘”“陽”“揚”。銘文或讀爲

“揚”“錫”“埸”。

楚簡帛文作，沿襲古體，增“土”爲意符。秦簡牘文作，古隸典型。

408.揚

揚，金文作，《説文》古文作，小篆作。

金文字形多樣，基本字形从丮，昜聲。“丮”象人雙手持物，作爲意符多表示動作。“揚”的字形或增从玉，或各有簡省，構形意義難以確定。本義似爲舉起、高揚，引申爲彰顯、傳播、贊美等義。銘文多用頌揚義，或用作人名。

楚簡帛文多以“昜”爲“揚”，作。

409.野

野，金文作，《説文》古文作，小篆作。

从林从土會意，義爲郊外。隸定作“埜”，“野”的初文。銘文或用作人名、地名。提示：“埜”或作“壄”，增“予”作聲符。復以“田”代“林”，寫作“墅”。“田”字偏扁而“予”字偏長，應書寫之便，移“土”於“田”下合成“里”，加上聲符後即今之“野”字，故《説文》解釋説从里，予聲。聲符“予”又或置於“林”字的二“木”之間，寫作“壄”。以上異體皆有理據可説。而字又或作“壄”，羅振玉説“壄”字从矛爲从予之誤，當是。

但字典或説“‘壄’同‘野’”，則視二字爲異體。我們認爲，説“‘壄’同‘野’”實爲無理之“同”。不過又遇到一個問題：“壄”字已見於文獻，有書證，字典兼收似亦不違編撰之理。況且語言中此類積非成是、弄假成真者并非個案，如“信口開河”，“信口”豈能“開河”？當以“開合”符合情理。若求形義密合而作“信口開合”，固然怡然理順，但古來之“信口開河”又將如何處置，終是難題，所以衹好服从約定俗成的原則聽之任之。不過，鄙意以爲研究語義者則不妨予以深究，給出合理解釋。又，“野”爲郊外，引申爲邊鄙、荒野，故進而引申爲粗陋、野蠻。反之，“都”爲大邑、京都，引申則有嫻雅、美好等義。此種語言現象也值得研究。

楚簡帛文作，秦簡牘文作，皆用古體。

410.夜

夜，甲骨文作，金文作，小篆作。

甲骨文是西周時期字形，从夕，亦省聲，聲符字省形是爲了給意符字一定空間。提示：“夜”其實是“夕”的增聲字，因爲在早期古文字裏“夕”與“月”通用，蓋有“月”即爲“夕”，亦即爲“夜”矣，銘文“夙夜”或作“夙夕”可作佐證。段玉裁説，“夜”“夕”渾言無别，析言則殊。“夜”或从火作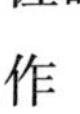，“火”可視爲“亦”字的省形，即借用“夕”字下方類似一横的筆畫而省。或以爲从火从夕，夕亦聲。“夜”的本義是夜晚，與白晝相對。有人認爲在卜辭裏指夜神。銘文或用本義，或用作人名、氏族名。

楚簡帛文作，沿襲古體，第三字形的聲符“亦”不省形。秦簡牘文作，古隸典型。

411.頁

頁，甲骨文作，金文作，小篆作。

从人而突出其頭部，與“首”同義，舊讀xié。李孝定説，古文“頁”“百”“首”一字，“頁”象頭及身，“百”但象頭，“首”象頭及髪。“頁”爲頭，文獻未見用例，但从頁的字意義多與頭部有關，可證明其本義，如“須”“顔（眉目之間）”“顛（顛落、頭頂）”“題（額頭）”“領（脖）”“項（脖後）”“顧（回頭看）”“頌（儀容）”“頸”“頜（口腔上下部分）”“頫（低頭）”等字皆以“頁”爲形符。“頁”在卜辭中或用作人名。銘文或用作稽首之“稽”。提示：文字增形增聲或换形换聲，本是常例，如“襪”“韤”“韈”三個是换形字，與前者比較，“帓”“袜”“韎”則爲“襪”“韤”“韈”三字的换聲字，在“帓”“袜”“韎”三字内部則又是换形字。這些今音没有變化或變化不明顯的字多半容易覺察，但有些形音俱變的字就不大注意了，如在古文字體系中，不僅“頁”“百”“首”爲一字，與春秋時代出現的“頭”字也是一字之變。今人對這類字的形音義關係多不留心，故人之聽而不聞、視而不見、習焉不察者，我若稍加留意，則將有意外之得。

楚簡帛文作，沿襲古體。參見308.首字條、228.面字條。

412.葉

葉，甲骨文作，金文作（摹本），小篆作。

甲骨文象木上有樹葉之形，隸定作“枼”，“葉”的初文。後世增“艸”爲意符作“葉”。金文樹葉之形作“世”，初始或以點形表示葉形，後來借字形而聲化，即以“世”作聲符。第二字形類化从艸。漢字簡化後與“協”的異體字“叶”合併。本義是樹葉，又泛指植物之葉，引申指象葉子一類東西、薄片等義。卜辭或用爲地名、國名。銘文或讀“世”。

楚簡帛文作，沿襲古體。秦簡牘文作，古隸典型。參見306.世字條。

413.一

一，甲骨文作，金文作，《説文》古文作，小篆作一。

本爲原始計數符號，有人稱爲積畫指事字，甲骨文、金文“一”“二”“三”“四”皆是。後世或繁化从弋。“弋”或作“戈”，作爲古文字構件多混用。“一”本爲計數詞，引申爲第一、全部、相同、純正、單獨、專一等義。卜辭多用作數詞。銘文或用作數詞，或用全部義。提示：戰國文字的數詞“一”“二”“三”有簡繁二體，繁體增从戈，如下文所列楚簡帛文。《説文》古文从弋。戰國中山王譽壺銘文“一”作，从鼠，一聲。而“二”則作，从肉，式聲。西周晚期琱生簋銘文“二”或作，睡虎地秦簡作，《説文》古文作，皆增从貝，式聲。秦系文字“三”則或假“参”代之。以上書寫變化説明數詞在實際使用中具有特殊地位。

楚簡帛文作，沿襲古體。又或作，从鼠與戰國金文同。又或作，从能，羽聲，讀爲“一”。秦簡牘文作一，與今體同。

414.衣

衣，金文作，小篆作。

象衣領袖襟之形，古代指上衣。銘文或用本義，或讀如“卒”，或讀如“殷”，後世多用本義。作爲構形成分，如果用在上下結構分離的字形中往往不易識别，如“裹”“褁”等字都以“衣”作意符。提示：有人認爲，在甲骨文時代，“衣”“卒”本是一字，二者混用，或用作祭名，或通“殷”。裘錫圭據“初”的本義是剪裁衣服的開始，因而推測“卒”的本義可能是表示剪裁衣服的結束，“卒”的“終結”義由此而生。

楚簡帛文作，“衣”“卒”通用，沿襲銘文用法。秦簡牘文作，皆沿襲古體，已見古隸風格。參見047.初字條。

415.宜

宜，甲骨文作，金文作，

《説文》古文作，小篆作。

从且从肉。“且”是“俎”的象形，今稱砧板。肉形或似“夕”，或似“月”，或似“多”，皆爲陳肉之形，或一或二。甲骨文末字下不封口，故金文多演變爲从宀。“宜”的字形象俎上陳肉，本義當是菜餚。用於祭祀則爲祭祀之名，故卜辭或用作祭名。由此引申爲合宜之“宜”，銘文及後世文獻多用之。“宜”“義”通用，古籍多見。

楚簡帛文作，沿襲古體。秦簡牘文作，古隸典型。

416.疑

疑，甲骨文作，金文作，小篆作。

甲骨文第一字形象一人拄杖在路上張望。第二字形和金文增意符“彳”或“辵”，表示行走在路上。金文又增“牛”作聲符。“疑”的初文。本義是迷惑，引申爲疑問、遲疑、猜疑、估量等義。卜辭、銘文或用作人名、氏族名。

楚簡帛文作，增“心”爲意符。秦簡牘文作，小篆字形右側之形省去“止”則爲“子”。

417.彝

彝，甲骨文作，金文作，《説文》古文作，小篆作。

字形極多，或有簡省，其主體下部皆从廾，爲雙手之形。上部大致皆爲捆綁物，一般認爲象人形。金文字形前多有二點表示滴血。本義當是殺生以祭。殺生以祭是古代祭祀的基本方式，故引申義爲通常、常規、法定之義，又用作祭器的通名。卜辭多用本義。銘文多用作祭器的通名，或指日常酒器，或用常規義。提示：金文最末字形增“同”爲意符，裘錫圭認爲，“同”大概是筒、桶一類器物的象形。吴鎮烽、王占奎在考證西周成王時期“内史亳同”的時候説，這種自名爲“同”的青銅酒器，宋代以來一直稱之爲“觚”，器形源自竹筒，大概古人以竹筒爲水器和酒器，後人仿照竹筒之形造青銅酒器，即命名爲“同”。由此推測，“彝”字所增之“同”可能是表示酒器的意符。

418.以

以，甲骨文作，金文作，小篆作。

甲骨文第一字形象人手提一物，第二字形省去人形，第三、四字形是第二字形的變體。本義是拿着、携帶或拿物送人，引申爲帶領、使用等義。後轉化爲介詞、副詞、連詞。卜辭或用本義，銘文及後世文獻多用引申義。早期文獻多作“㠯”，與“嗣”“巳”“似”四字多通用。

楚簡帛文作，沿襲古體。秦簡牘文作，古隸典型。

419.亦

亦，甲骨文作，金文作，小篆作。

“腋”的初文，今稱腋窩。字在正面人形“大”的兩側各加小點標示腋窩位置所在，六書稱爲指事，按照字形隸定爲“亦”。文獻假借爲副詞，相當於“也”“又”“都”“衹是”“的確”等義，又用作連詞或語氣詞，後世造“腋”字表示本義。卜辭或用作副詞，或用作地名。銘文或用作副詞、語氣詞。提示：正面人形於字釋爲“大”，但作爲構形部件一般不表示“大”之義。

楚簡帛文作，秦簡牘文作，均已解散篆體，後者爲古隸典型。

420.邑

邑，甲骨文作，金文作，小篆作。

甲骨文第一、二字形是常見字形，第三字形偶見，但有重要提示作用。第四字形是西周時期的字形，已與金文毫無二致，衹是風格不同，可見正是金文的俗體。學界對字形結構有不同意見，或説从丁从卩會意，“口”形即“丁”，甲骨文多作方形，金文多在方圓之間，有人認爲“丁”即“城”的初文。“卩”爲人跽坐之形。“邑”字从丁从卩，表示人居住的城邑。或説“口”形字讀“囗”即“圍”，代表區域或城市。“邑”的本義是城邑，或指國，或指都城，或指人口集中區域。用作意符隸定後用在字右作“阝”，如用於地屬之字即是。卜辭多用本義，或用作人名。銘文或指都城、城市，或用作區域單位名稱，或用作氏族名、人名。

楚簡帛文作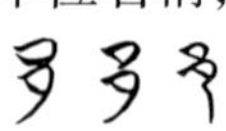，沿襲古體。秦簡牘文作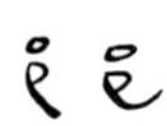，古隸典型。

421.益

益，甲骨文作，金文作，小篆作。

甲骨文前四字形象水自皿中溢出，“水”與“皿”連體。第四字形爲金文所承，從構形角度看，已形成“八”字形和“皿”上下兩個部件。“八”字形不易看出水形，故小篆改作橫置之“水”。第五字形从水从皿，成爲左右結構，可以視爲後世“溢”字的雛形。諸體皆可明顯看出是“溢”的初文。“益”用作增益之義後，乃别造“溢”字以表示本義。卜辭或爲用牲法。銘文或用作計量單位，則通“鎰”。又通“謚”。提示：甲骨文前三個字形或認爲當釋“血”，金文第二、三字形或認爲从八从血。

楚簡帛文作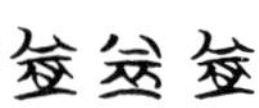，沿襲古體，假“益”爲“鎰”，而增益之“益”作，又實爲“嗌”字。《説文》記“嗌”字古文作“䕼”。秦簡牘文作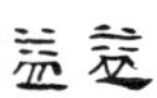，从水从皿，後世承之。古隸典型。提示：注意從“皿”字字形的變化可見今文字字形的形成過程。

422.異

異，甲骨文作，金文作，小篆作。

甲骨文象人雙手舉起一物頂在頭上，本爲“戴”的初文，後分化爲“異”“戴”二字，《新甲骨文編（增訂本）》分“異”“戴”二字。卜辭或讀如“祀”，或用作語助詞。銘文或讀如“翼”，輔助、恭敬之義。提示：“異”或讀“戴”，或讀“翼”，初學或覺不可思議，但仔細研究字形、字義、詞義，就會發現其中的微妙關係，比如第一，“戴”“翼”字形中都有“異”字作聲符，實際也暗含聲符字的雙手舉物、兩旁護翼、戴在頭上等意義。第二，“翼”是翅膀，翅膀有護蔽的作用，就引申爲輔佐、保衛、奉戴等義。“戴”是戴在頭上，戴在頭上就有護翼的作用，因而又引申出奉戴的意思。所以，研究字詞最忌孤立地就字論字，而是要放在一定系統中加以考察，也就是要注重“關係”的研究。又，看金文二形，可知雙手形作“廾”或“臼”本是一事。推而廣之，則一切字形的演變其實都可以探尋到合理的解釋，關鍵在於要熟悉各種字形，弄清書寫對字形的影響及其流變軌迹，從而掌握其演變規律。

楚簡帛文作，沿襲古體。秦簡牘文作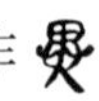，古隸典型。參見425.翼字條。

423.意

意，金文作，小篆作。

主體部分是“言”或“音”，作爲構形意符，从言與从音表意相同。“言”或“音”的中間部分或説是意符“中”字，或説是以圓圈作指事符號。口出爲“言”，“言”必有“音”有“意”，所以加圓圈作指事符號表明“言”中之“意”，義皆相因相成。從形音義關係來看，“言”“音”“意”實爲一字之分化。徐鍇説“意”字从心，音聲。據金文第一字形隸定作“啻”，故《新金文編》收入“啻”字條下。銘文或讀“億”。

楚簡帛文作，沿襲古體。秦簡牘文作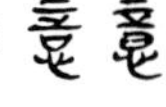，增“心”爲意符，古隸典型。

424.義

義，甲骨文作，金文作，小篆作，或體作。

从羊，我聲，隸定作“義”，楊樹達説即容儀之“儀”。卜辭或用作地名。銘文或讀如“宜”“儀”，或用爲美善義。提示：金文“義”或作，所从之“我”訛變作“弗”形，故小篆或體从弗，此爲無理而有理。又，文獻“義”以解爲正義沿用至今。而事有可怪者，文獻或用邪惡義，如《尚書·立政》篇的“義民”，《左傳·文公十八年》的“掩義隱賊，好行凶德”，其中兩個“義”都是邪惡的意思。正義變成邪惡，事出有因，因爲“義”从我聲，故可以假借爲“俄”。有學者認爲“俄”即古“刖”字，是古代砍去一足的刑罰，甲骨文作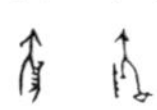。砍去一足則跛行，故引申爲傾側、不正之義，字形到小篆時代作“俄”。古語“俄頃”，“俄”亦“頃”也，兼含“俄頃”與“傾邪”二義，故《廣雅·釋詁二》或訓“俄”爲“衺”，“衺”同“邪”。本爲正義，假借竟至邪惡，可謂天地翻覆，宜乎不得其解。若明其所由，則怡然理順。

楚簡帛文作，第三字所从之“我”已訛似“弗”字形，承金文訛變一體。第四字形从我从心，當是順訛變之勢重構爲會意字。秦簡牘文作，古隸典型。參見358.我字條。

425.翼

翼，甲骨文作，金文作，《説文》籀文作，

小篆作。

甲骨文象鳥翅之形，季旭昇説兼“羽”“翼”二義。金文第一、二字形因之。第三字形所从作“非”字形，“非”實爲“羽”，異聲。第四字形从飛，“羽”“飛”表意相近，異聲，據此隸定則有異體作“䎀”。“翼”的本義是鳥翅，引申爲蔽護、輔助、奉戴、恭敬等義。卜辭讀“翌”（yì），次日。銘文或用恭敬義。

楚簡帛文作，沿襲古體。秦簡牘文作，古隸典型。參見422.異字條。

426.藝

藝（埶），甲骨文作，金文作，小篆作。

甲骨文第一、二字形表示雙手持木植於土，第三字形从又。金文第一字形象一人雙手持中作種植狀。後世解散初形，如金文第二字形“木”下作“土”，雙手人形演化作“丮”。第三字形所从之“丮”下增“女”形，“女”形實爲“止”字的訛變。據字形隸定作“埶”。本義是種植，引申爲才能、技藝等義。在古文字體系中，“埶”“藝”“勢”通用，後世增从艸作意符則爲“蓺”或“藝”，增从力爲意符則爲“勢”，遂分化爲三字。卜辭或用本義，或通“邇”，近也。銘文或用本義，或用樹立、治理、繁衍之義。或讀“藝”，才藝。或用作氏族名、人名。提示：裘錫圭《文字學概要》以“埶”作字頭，是矣。爲適應本書讀者學習和查閲，今以“藝”爲字頭。

楚簡帛文作，沿襲古體。

427.寅

寅，甲骨文作，金文作，《説文》古文作，小篆作。

本是箭的象形，即“矢”字。後來在“矢”的中間增加區别符號，又將區别符號不斷繁化。造字者當是用“矢”字加區别符號與“矢”字相區别而表示快速前進之義，本義是前進，引申爲恭敬等義。卜辭、銘文和後世文獻多用作地支第三位。

楚簡帛文作，沿襲古體。秦簡牘文作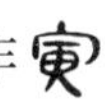，古隸典型。

428.尹

尹，甲骨文作，金文作，《説文》古文作，小篆作。

字形中的一竪表示筆，也可以説是筆的象形，但“筆”字早期的真正寫法則作，以手持執筆會意，表示所持者爲筆，隸定作“聿”。同樣，“尹”字也是以手持執筆會意，但它是表示執掌、治事或治事官員。因爲筆是官員治事的典型工具，故以手執筆者爲“尹”。從形音義來看，“聿”與“尹”則爲一字之分化，分化後各表其義。“尹”又分化出“君”，分化後也各表其義。“尹”在卜辭、銘文中用本義。戰國金文或增“肉”爲意符，未詳其意。

楚簡帛文作，可稱草篆。參見449.聿字條、184.君字條。

429.引

引，甲骨文作，金文作，小篆作。

“弓”旁加斜短畫作指事符號，表示拉開弓弦。後世指事符號與“弓”脱離成爲一豎。漢字形體演變過程顯示，離析獨體是漢字走向部件化、符號化道路的途徑之一。“引”的本義是開弓，引申爲牽拉、延長、長久、引領、招致、持取、提拔、引用、陳述、避開、收斂等義。卜辭、銘文或用長久義，或用作人名。

楚簡帛文作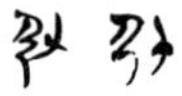，指事符號上增飾筆，第二字形的指事符號與主體分離。秦簡牘文作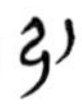，古意猶存。

430.飲

飲，甲骨文作，金文作，《説文》古文作，小篆作。

甲骨文前三字形象人俯首張口伸舌對着酒器，本義是飲或飲酒。第四字形是西周甲骨文，省“人”而从倒“口”形。金文則將倒“口”形與“人”分離，倒“口”形則固化爲“今”并用作聲符。“人”形或作“欠”，字形作人張口之狀，以此代替从口的表意功能，故金文“飲”字多从欠从酉，今聲，隸定作“㱃”。後世“今”與“酉”結合後與“食”字形近，遂成从食从欠的“飲”字。異體增多，其增損訛變，或自立理據，或應書寫之便。“飲”的古義見於字形者爲飲酒，但作爲詞義則是喝，用於泛稱。卜辭多用本義。銘文或用本義，或指宴飲之禮。

楚簡帛文作，从匀聲。

秦簡牘文作，古隸典型。參見169.今字條。

431.印

印（抑），甲骨文作，金文作，小篆作。

甲骨文从又从人或从爪从人，人作跽坐形，羅振玉説，表示以手抑人而使之跽。本義是“抑”，而字形則爲“印”，故“印”與“抑”古爲一字。古人稱印信爲璽節，并無“印”之名。字形寫作“印”的字其實是表示“抑”之義。後世將印用於治事，“印”就借用了表示“抑”義的字形。運用既久，乃分化出“抑”字表示本義。甲骨文正反無别，故或釋爲“印”，或釋爲“抑”。文獻“印”“抑”或通用，馬王堆漢墓帛書甲本《老子》“高者印之”，今本“印”作“抑”。卜辭、銘文或讀“抑”，有使其安、使其治之義。卜辭又或用爲句末語氣詞。銘文又或通“仰”。提示：金文“色”作，楚簡帛文作，與“印”“抑”形近，故引起爭訟，録之備覽。

秦簡牘文“印”作，古意猶存。

432.熒

熒，金文作，小篆作。

一般認爲，字形象兩個交叉并舉的火把，“熒”的初文，隸定作“烾”。本義是火光明亮。也有人認爲，字象二木交叉，上象花形，則是“榮”的初文，本義是草木之花。其實，“熒”與“榮”本是由一形分化而成，故銘文多通用。而且，“火”“花”二者也容易産生相似的意象，如草木之花古作“華”，也用作光華之“華”，説“光榮”即含“光”“榮”二義。銘文“熒”多用作“榮”，方國名。或用經營、修治義，文獻作“營”。或用作“禜”，祭名。或用作“鎣”，器名。銘文又或作，隸定則爲“縈”。

433.永

永，甲骨文作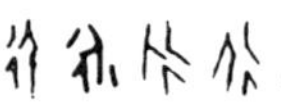，金文作，小篆作。

一般認爲，甲骨文象水流之形，表示水流之長。文獻多用長久、永久、延長等義。或通“咏”。卜辭或用作人名，或讀如“祥”。銘文多用作永久之“永”，偶或讀如“祥”。提示：古文字多正反無别，故甲骨文“永”字據反向字形隸定則爲“𠂢”，後世增水旁作“派”，表示是主流的支脈。“脈”“脉”異體，可知“永”“𠂢”“派”“脉”“脈”之間的關係。又，或以爲甲骨文中最初“永”與“衍”同形，舊釋爲“永”的字形中有一些其實是“衍”字。劉釗説，“永”字从人从彳，表示人行於塗，本義是行役。今録二説以備考。

楚簡帛文作，形有訛變。又寫作“羕”，作，是“永”的分化字，羊聲，故《説文》訓“羕”爲“水長”。

434.用

用，甲骨文作，金文作，《説文》古文作，小篆作。

象桶形，是“桶”的初文。假借爲“用”，作名詞有作用、用途等義，作動詞有使用、施行等義。卜辭、銘文多用動詞義。詞義虚化後又用作介詞、連詞。

楚簡帛文作，沿襲古體。秦簡牘文作，由於書寫連帶原因，右側竪畫已見鈎勢，竪鈎的形成大致如此。

435.幽

幽，甲骨文作，金文作，小篆作。

甲骨文从幺（yōu）从火，幺亦聲，形聲兼會意。“幺”象雙束絲之形，有微小、隱晦、微妙等義，則“幺火”會意，猶言微火，借以表示微弱、微小之義，引申爲幽暗、隱晦、黝黑、隱蔽、深遠、幽静、囚禁等義。卜辭“幺”“幽”皆可讀爲“黝”，則“幺”“幽”“黝”音義相通。金文“火”形訛變作“山”，小篆因之。“山”“火”形似互訛，古文多見。陳美蘭説，“幽”从山从幺會意，故表示“幽”義的字多與山有關。銘文或用幽深、悠遠之義，或讀“黝”，或用作人名。

楚簡帛文作，沿襲古體。參見442.幼字條。

436.憂

憂，金文作，小篆作。

王國維以爲是“猱”（náo）的象形，猿類動物，即“夒”字，假借作“憂”。後世“夒”類化爲“頁”，又增“心”表意。“頁”“百”“首”爲一字之變，則“首”或表聲。隸定或作“惪”，《説文》訓“惪”爲愁，徐鍇説，内心表現於顔面，故从頁。銘文字形用憂愁、擔憂義。文獻多用本義。或通“優”。

楚簡帛文作，沿襲古體。秦簡牘文作，古隸典型。

437.遊

遊，甲骨文作，金文作，《説文》古文作，小篆作。

早期字形从子持㫃（yǎn），“㫃”本是旗幟頂部下垂的飄帶，也是“斿”的象形字，後世作“旗”。據“遊”的早期从子从㫃的字形隸定爲“斿”，文獻或作“旒”，或作“流”，或作“游”，當是以其飄動命名，與象形字的“㫃”應是一事。用作遨遊之義後，增意符“彳”“辵”成爲形聲字，隸定作“遊”。又或增“水”爲意符，分化出“游”，於古通用。卜辭或用作地名、人名。銘文或用巡遊、出遊義。

楚簡帛文作，沿襲古體。秦簡牘文作，古

隸典型。

438.友

友，甲骨文作，金文作，《說文》古文作，小篆作。

甲骨文基本字形从二“又”相併會意，又亦聲。本義是友好、互助或朋友，後引申爲結交、順從、相親相愛等義。第二字形是西周甲骨文，增“口”形，金文或沿用，又或在“口”中增點爲飾筆。卜辭或用作人名。或表示祭祀用牲的數量，可能是說用偶數，讀爲“偶”。銘文或用朋友、友好、同寮、做朋友等義，或通“又”“右”“侑”“賄”。

楚簡帛文作，沿襲古體，或增點裝飾。秦簡牘文作，猶用篆形，古隸風格。

439.有

有，金文作，小篆作。

卜辭有無之“有”皆以代之。金文“有”从又从肉會意，又亦聲。以手持肉是構形意義，要表示的詞義是取得、獲得，引申爲保存、保護、豐收等義。銘文或用爲有無之“有”，或通“佑”“舊”，或用爲連詞、助詞。“又”“有”通用，古籍常例。

楚簡帛文作，沿襲古體。秦簡牘文作，由此二形可知今體“有”字上部一橫一撇的由來，又知書家先寫一撇後寫一橫亦自有淵源。

440.酉

酉，甲骨文作，金文作，《說文》古文作，小篆作。

象裝酒容器，可以理解爲以裝酒容器的形象表示器内之物，“酒”的初文。卜辭或用作地支名。或讀“酒”，祭名。銘文或用作地支名，或用本義。

楚簡帛文作，後二形假“栖”爲“酉”，从木。秦簡牘文作，古隸典型。

441.又

又，甲骨文作，金文作，小篆作。

甲骨文象右手之形。卜辭、銘文或讀如“有”“佑”“侑”，或用爲連詞。漢字構形多用“又”作部件表示與手相關的行爲動作，如“有”“得”“取”等字。如以雙手作構形部件，用在字的下方作“廾”，用在字的上方則作“臼”(jú)。“又”下加“口”狀符號則孳乳爲“右”。

楚簡帛文作，由此知“又”字可以兩筆完成，也可以三筆完成。秦簡牘文作，變縱勢爲橫勢。參見498.左字條、061.道字條。

442.幼

幼，甲骨文作，金文作，小篆作。

甲骨文从力从幺，幺亦聲。構形意義難以確定，若説“力小爲幼”終覺勉强，姑存疑以待達人。金文或从幽从子，幽亦聲。“幽”含微小之義，从幽从子會意，猶言小子，當是重構寓意。卜辭疑用作祭名。銘文或指小孩、少年。文獻多用幼小等義。又或讀如“窈”，幽深、幽暗之義。

楚簡帛文作，前者沿襲古體，後者可以認爲是金文第二字形的“行書化”。秦簡牘文作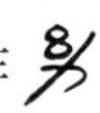，古意猶存。參見435.幽字條。

443.囿

囿，甲骨文作，金文作，《説文》籀文作，小篆作。

初文从四“中”或四“木”在口中。“口”即古“圍”字，高鴻縉説“口”是圍牆之形。草木在圍牆之内，會園林之意。《説文》籀文沿用甲骨文从四“木”的字形，隸定作“圞”，後世罕用。金文从口，有聲，隸定作“囿”。本義是指用以田獵的園林，後泛指有圍欄的菜地、果園。或借以比喻事物匯聚之所。又因其有四圍，故引申爲劃定的區域，又引申爲局限、拘泥等義。卜辭或用本義。銘文或通“有”，或説通“佑”。

楚簡帛文作，改从又聲，但此字或釋爲“攝”。秦簡牘文

作，改从右聲。

444.盂

盂，甲骨文作，金文作，小篆作。

甲骨文从皿，于聲。金文沿襲，第五字形增从金，表示是青銅製品。盂是盛水器，侈口、圓腹、圈足，兩側有附耳。器形往往較大，倒置極爲平穩，故古書以“覆盂”比喻國勢太平。後世或有方盂，故《韓非子・外儲説左上》以“盂方水方，盂圓水圓”比喻上行下效，由此可知詞語、詞義皆有源可考。卜辭用作地名。銘文或用作青銅器的專名，或用作青銅器的泛稱，或用作人名。銘文有“盂鼎”，許多學者解釋爲大鼎。

楚簡帛文作，沿襲古體。

445.魚

魚，甲骨文作，金文作，小篆作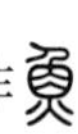。

本爲魚的象形。或用作動詞，義爲捕魚。卜辭或用名詞義，或用動詞義。或讀如“魯”，嘉美之義。銘文或用本義，或用作方國名、人名。提示：在上古漢語中，一字多用的現象十分普遍，後世爲求在字形上加以區別，一般就在原有字形基礎上增加意符，如“魚”或增意符“水”或“廾”表示動詞義，甲骨文作，增“水”爲意符，金文作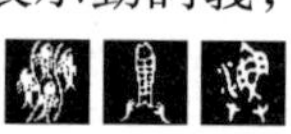，从廾表示行爲，可見卜辭時代已見分化。也有另闢蹊徑的，如“研”本有硯石的意

義，爲求區别，後世假借“硯”字表示名詞義。形音義或略有變化而相因相承，語本一源，這是漢字同源孳乳的基本規律。又見古籍或用“魚”作第一人稱代詞，蓋“魚”與“吾”古音相近，别無深意。又，甲骨文“魚”字的“魚尾”是典型的象形，戰國金文變成“火”字形，後世或寫成“大”字形，秦漢以後又演變爲四點，至漢字簡化時用草寫法變爲一横——三千年“魚尾”變化梗概如此。

楚簡帛文作，沿襲古體，多有變形。秦簡牘文作，古隸典型。參見361.吾字條。

446.雨

雨，甲骨文作，金文作，《説文》古文作，小篆作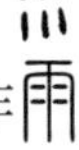。

上横代表天體，小竪表示雨點，“雨”的本義是下雨或雨水。卜辭用動詞義，下雨。銘文或讀“雩”，祭名。

楚簡帛文作，沿襲古體。秦簡牘文作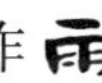，古隸典型。

447.圉

圉，甲骨文作，金文作，小篆作。

甲骨文前三字形是簡體，从㚔（niè）在囗中會意。“囗”即古“圍”字。“㚔”字甲骨文作，隸變後作“幸”，是手械一類的刑具，類似今天的手銬，用以拘捕犯人。甲骨文“圉”字前三字形所从的“㚔”上作“口”形，或是繁化，或是區别符號，不能

確定，但合體則應是表示罪人被關押在牢中，以“㚔”指代犯人。後三字形可視爲繁體，从執在囗中會意，“執”象人戴手銬，“執”在“囗”中表示關押犯人或犯人關押之處，表意明確。“圉”的本義是拘禁或拘禁犯人的地方。後世稱拘禁犯人的地方爲囹圄，文獻或稱“圄”，“圄”是“圉”的後起異體字。“圄”是形聲字，“圉”是會意字。“圉”在文獻中又用邊境、禁止等義。又指養馬或養馬的人，可能馬厩與囹圄形義相近的緣故。卜辭或用本義。銘文或表示剛强，當是假借義。提示：從本字例可以看出，會意字與形聲字各有利弊：會意字容易理解意義，易於目治。形聲字容易識别讀音，易於耳治。如想既便目治又便耳治，那就得再造個形聲兼會意的字。不過真要這樣做，就會增加字數，而且形體勢必複雜，真可謂“此事古難全”。但從語言的角度看，形聲化則是代表了文字發展的基本方向。參見009.報字條、469.執字條。

448.玉

玉，甲骨文作，金文作，《説文》古文作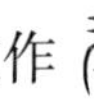，小篆作。

象以繩貫穿的串玉，因爲玉之爲物難以表現，故以串玉顯示。在金文時段“玉”與“王”形近，二者的區别，是“玉”的三横距離相等，而“王”的中横偏上。或改變“玉”字中間一横的形態相區别，如金文第二字形。後世多增加區别符號，如下列楚簡帛文字形，而以加點延續至今文字。“玉”的本義是指一種特質美石，引申指佩玉、玉製品，又用以比喻潔白、純潔或珍貴。卜辭、銘文多用本義。

楚簡帛文作，增區别符號。秦簡牘文作，古隸典型。

449.聿

聿，甲骨文作，金文作，小篆作。

从又持筆會意，隸定作“聿”，後世增“竹”爲意符作“筆”。甲骨文筆形或簡化爲一竪，與“尹”字相同，“聿”“尹”是一字分化。就造字法而言，“筆”的具象難以準確描寫，故以一手執筆的意象表示手所執者爲筆。因爲筆是官員治事的典型工具，故以手執筆者爲“尹”，此與“婦”爲執帚者、“男”爲力田（“力”是發土農具。“力田”意爲以“力”耕作）者的造字法近似。由“聿”“尹”二字的構形可見古人的造字思路。《説文》：“聿，所以書也。楚謂之聿，吴謂之不律，燕謂之弗。”文獻多用作助詞，又或通“肆”，義爲放縱、陳列等。卜辭或用作地名。銘文或用作助詞，或通“律”。

楚簡帛文作，讀爲“律”。秦簡牘文作，古意猶存。參見428.尹字條。

450.育

育（毓），甲骨文作，金文作，小篆作，或體作。

甲骨文十二個字形，第一至第五字形从女从倒置之“子”，

"女"或作"人",代表母體。母體或伴有體液流出。無體液者則將倒"子"插入母體。第六字形則顯示接生動作的意象。胡厚宣説，右旁从雙手持衣，表示接生者手持衣被等待嬰兒出生。第七字形是前一字形的簡化。前七種字形表意明顯。第八字形"母子"分離，但依然从倒"子"。第九至十二字形則从子而不再倒置，意象淡化，但"子"均在"母"體臀部以下，仍然利用體位關係表示意義。金文第一字形完全繼承甲骨文基本字形，从女从倒子，并加數點體液。第二、三、四字形則將倒"子"與其下的三點體液固化爲形。而"母""每"又都是"女"字的分化，作爲構形部件，三者相通，故金文或从母。小篆正體从从肉，正用二形的上面部分。或體从每从，依字形隸定作"毓"。由此可知"毓""育"乃是由一字分化。本義是出生、生育，引申爲養育。本用於人，引申用於萬物。卜辭或用本義。銘文或用養育、撫育義，或用作人名。提示：王國維認爲産子是其本義，但倒"子"立於人後的意象則又表示先後之"後",故引申指後繼君王，即所謂"后"。郭沫若則進而認爲,"毓"即"后",是母權時代對女性酋長的稱謂。又，甲骨文有"孕"字作，可見"孕"爲"子"尚在母體而未出生者，與"育"義不同。

451.御

御（禦）,甲骨文作，金文作,《説文》古文作，小篆作。

甲骨文和金文的簡體字形都是从卩从午會意，午亦聲。"卩"象人跽坐。"午"是杵的象形，古代用以舂米築土的木棒。人跽坐於杵前，表示做事、勞作。卜辭或用爲祭名，與做事意義相通。卜辭、銘文又或用迎御、侍奉、治理等義。後世引申爲駕馭、抗禦等義，故增意符“彳”“止”“辵”或“行”表示行爲。又或增意符“女”，當與从卩表意相同。又或增意符“示”，當與祭祀有關。《新甲骨文編（增訂本）》在“禦”字條下收甲骨文最末字形，認爲是抵禦之“禦”的專用字，而其他字形收在“御”字條下。金文大致沿襲甲骨文字形，《新金文編》在“御”字條下收前三字形，用法較廣。在“禦”字條下收後三字形，用法較窄，但也或互相通用，有些詞義不同可能因爲假借。具體構形意義難以確定。金文又有字，文獻或假借爲“禦”，而《説文》訓“御”爲“使馬”，古文作，隸定作“馭”，訓“禦”爲“祀”，引起學界爭訟。尋常一字往往衆説紛紜，在學界也可以説是尋常之事。三千年前舊事，今人何能一目了然？即或起三千歲老者而問之，彼或亦曰：此爲祖傳，當起吾祖而問之。且用字者往往但取而用之而已，何嘗慮及造字之義？今人考字多見紛爭，也是勢所必然，要之，“求證據”三字而已。推而廣之，一切古學，皆當如此。

楚簡帛文作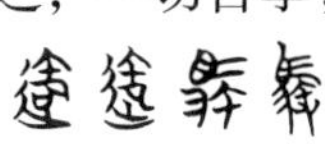，沿襲古體。秦簡牘文作，古隸典型。

452.淵

淵，甲骨文作，金文作（摹本），《説文》古文作，小篆作，或體作。

甲骨文第一字形象水潭，隸定作“𣶒”。第二、三字形外增从水爲意符，則字形可解爲从水从𣶒，𣶒亦聲，隸定作“淵”，漢字簡化後作“渊”。金文有時用變形省體。本義是水流盤旋處、深水、深池，引申爲深邃、源頭等義。卜辭或用作地名。銘文多用深邃義，指思想。

楚簡帛文作，沿襲古體。秦簡牘文作，已近今體。

453.元

元，甲骨文作，金文作，小篆作。

象人而突出其頭部，隸定作“兀”。增短横爲飾筆或指事符號後，則隸定爲“元”，故“元”“兀”一字，意爲人之首。《孟子·滕文公下》“勇士不忘喪其元”，“喪元”猶言掉腦袋，正用本義。文獻多用引伸義，如第一、開始、本原等義。卜辭或用開始義。銘文或用開始、第一、美善等義。

楚簡帛文作，沿襲古體。秦簡牘文作，古隸典型。參見336.天字條、057.大字條。

454.員

員（圓），甲骨文作，金文作，《説文》籀文作，小篆作，而“圓”則作。

金文第一字形出自商器圓鼎，“圓”作圓圈形，圓圈即“圓”的初文。凡圓形皆不便於契刻，而方形則難以表示圓義，又或爲了使字形與“丁”“口”等相區别，故甲骨文增“鼎”爲意符，因爲鼎多作圓形。甲骨文和金文所从之，有實心，有空心，有方形，有圓形，有三角形，還有在中間加了小點的，但從符號角度看，表意都相同。“鼎”省形與“貝”相近，故隸定作“員”。“員”表示物的數量、人員定額等意義通行後，增“口”（古“圍”字）作意符作“圓”。卜辭或用作人名。銘文或用作人名。

楚簡帛文“員”作，沿襲古體。“圓”作，增加意符。秦簡牘文“員”作，古隸典型。

455.曰

曰，甲骨文作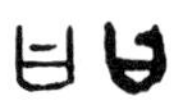，金文作，小篆作。

甲骨文“口”上加短横表示口發出聲音。本義是口說。爲了區别相近字形，短横或右移與右竪連接，短横的前部又或上折爲短竪。甲骨文“日”作，外封口，“曰”“日”界限分明。卜辭、銘文或用言説、稱作之義，或用作語氣助詞。

楚簡帛文作，前三字形沿襲古體；後二字形見於上博簡。秦簡牘文作，古隸典型。

456.月

月，甲骨文作，金文作，小篆作。

象形。徐灝説，日圓故字作圓形，月常闕故字作闕形。古文“夕”“月”一般不分，蓋夜晚始能見月。但刻辭“夕”“月”同時使用時則有别，即“月”作時，“夕”則作，“月”作時，“夕”則作。本義是月亮、月球，故稱月亮盈虧一周期爲一月。又引申指時光。卜辭、銘文指月份。提示：甲骨文象大塊獸肉，“肉”的

初文。後世演變爲，故容易與“月”字混，但“月”字外框一筆寫成，而“肉”則二筆寫成，故一般不混。今體表示與肉或肢體相關的字，其意符之“月”形多本當爲“肉”，與“月”無關。

楚簡帛文作，沿襲古體。秦簡牘文作，古隸典型。

457.戉

戉，甲骨文作，金文作，小篆作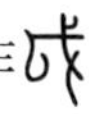。

象形，“鉞”的初文。武器名，有柄，圓刃。金文最末一字取自吴越時期戉王州句劍，最具創意。卜辭用作方國名。銘文或用本義。或用作方國名，文獻作“越”。又或讀“歲”。

楚簡帛文作，沿襲古體。參見327.歲字條。

458.樂

樂，甲骨文作，金文作（摹本），小篆作。

从丝从木會意，“丝”象雙束絲之形，“木”爲木架。羅振玉説，从絲附木上，爲琴瑟之象。金文增“白”作聲符。本義是樂器或音樂，引申爲快樂、喜悦等義。注意音有二讀。卜辭或用作地名。銘文或用音樂、奏樂、使之快樂等義。

楚簡帛文作，仔細觀察字形所从之“幺”字的寫法以及演變，可知“楽”字一體的由來。秦簡牘文作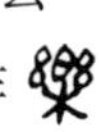，篆意猶存。

459.雲

雲（云），甲骨文作，金文作，《説文》古文作，小篆作。

甲骨文象卷雲形，“雲”的初文，隸定作“云”，本義是天上的雲氣。文獻假借爲表示言説的“云”，另造增“雨”爲意符的“雲”表示本義。卜辭“云”或用本義，或用爲地名。銘文“云”或用作助詞。

楚簡帛文作，沿襲古體。秦簡牘文作，古隸典型。

460.災

災，甲骨文作，金文作，《説文》籀文作，古文作，小篆作，或體作。

甲骨文前七個字形表示水災，隸定作“巛”。其中前三字形象大水氾濫，後四字形从水，才聲。第八、九字形从宀从火，“火”或在“宀”上，或在“宀”中，皆以房屋着火會意，隸定作“灾”，構形意義是火災。但彭邦炯以爲第九字形或是“熒”字，義爲守火的人。第十字形从斤，才聲，構形表示兵災。今文字繁體從籀文，簡體從小篆或體，異體字有“烖”等多種。卜辭多用本義。銘文或用作人名。提示：一般而言，文字的構形意義較窄，構形表示的詞義則較寬，比如在古文字文獻裏，“災”的含義較廣，包括疾病、傷亡等等，并不限於自然災害，更不限於具體的某種自然災害，故上文説卜辭多用本義的“本義”并非一定指某種自然災害。他處解説仿此，不一一贅述。又，《新甲骨文編（增訂本）》列第一至六字形於“災”字頭下，列末二字形於“𢦔”（灾）字頭下，《新金文編》收入“巛”字頭下。字書如何統一歸屬可以深入研究。

楚簡帛文作。前者从火，才聲；後者从示，才聲。皆爲異體。

461.宰

宰，甲骨文作，金文作，小篆作。

从宀从辛（qiān）。“辛”，甲骨文作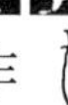，本是一種鋭器，可以用作刑具處罰罪犯。“宰”字从宀从辛會意，或表示室中的刑餘之人。刑餘之人後轉用爲家奴，有能力者或用以主事，故後世用“宰”作主事職官名，引申爲治理、主宰、宰割等義。卜辭、銘文用作職官名。

楚簡帛文作，典型楚風。或增意符“刀”或“刃”，顯示宰割義。增“口”當是裝飾符號。

462.造

造，金文作，《説文》古文作，小篆作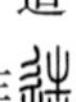。

陳劍認爲，甲骨文“早”作，金文“造”以古“早”字爲聲符。意符或爲“辵”，或爲“彳”，或爲“又”，或增“宀”。又或从舟，“舟”或認爲是聲符。本義是到達，引申爲造就、造詣、

成就，又引申爲開始、建立、創造、製造，義皆相因而通。春秋戰國兵器製造專用字之“造”，意符或作“金”，或作“戈”，或作“鼎”；聲符或作“曹”，或作“早”，或作“棗”，當因製造義而新出。“造”在銘文中多用製造義，或通“肇”。

楚簡帛文作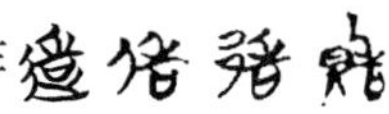，第一字形見於包山簡，讀爲“曹”。後三字形用作製造之“造”，其中前二字形隸定作“廥”“䢔”。末字从貝，告聲。秦簡牘文作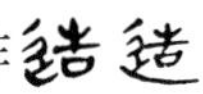，古隸典型。

463.則

則，金文作，《説文》籀文作，古文作，小篆作。

孫常敘認爲，古人造青銅器，一器一範，他器依此範爲標準，一一仿造，故字形或从二“鼎”从刀會意，表示初刻一範本，後從而效法。或直接解釋爲以刀刻鼎銘爲準則會意。或从刃，與从刀同意。本義是範本、效仿，引申爲法則、規章、法典、規律等義。後世或从貝从刀，“貝”爲“鼎”的省變。銘文或用效法義，或用作副詞、連詞，或通“載”。

楚簡帛文作，沿襲古體，或有簡省。秦簡牘文作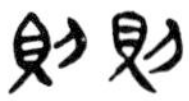，古隸典型。

464.章

章，金文作，小篆作。

从辛从日，或説是“暲”的初文，當是表示日光明亮，引申爲彰顯、表彰、文采、文章、章法、章程、章節、標記等義。字形从辛，“辛”是一種鋭器，故或依字形解爲以“辛”治圓形玉石或在玉石上刻畫花紋，則“章”是“璋”或“彰”的本字。“章”的構形意義難得確解，但詞義明確。銘文多讀作“璋”，美玉。提示：“璋”是美的玉石，“彰”是美的色彩花紋，與“暲”“章”音義相因相成，四字雖然各有本義，各有運用範圍，但在古籍中都可以表示昭明之義。昭明之義或源自引申，或源自假借。在其他意義上有時也可以互通，但很難確定是引申義還是假借義，這是因爲四字音同義近的緣故。

楚簡帛文作，沿襲古體。秦簡牘文作，古隸典型，後者上部省筆，已近草體。中豎貫通，可知書家寫作形自有原由。

465.長

長，甲骨文作，金文作，《説文》古文作，小篆作。

字形難得確解，舊説象長髮持杖老人。字形或省杖，杖形或訛作“匕”字形。金文或增“止”或“立”爲意符。本義是長者，引申爲成長之長、長短之長、長久之長、長官之長等義。卜辭或用年長義。銘文或用久遠義。

楚簡帛文作，漢代許慎批評時人“馬頭人爲長”之説，觀此形可知事出有因。秦簡牘文作，古隸典型。

466.折

折，甲骨文作，金文作,《説文》籀文作，小篆作。

甲骨文以从斤从斷“木”會意，即以斤斷木。金文第一字形沿襲甲骨文，第二字形加二短横指示斷處。斷木稍連則訛爲手形，小篆從之，隸定作“折”。從文字角度看，斷木非“木”，故不得以从斤从木會意。本義是折斷，引申爲裁斷、屈從、折服、彎曲、减損、挫敗、折磨、損害、毁壞、死亡等義。卜辭、銘文皆有本義用例。銘文或通“誓”，或通“哲”。

楚簡帛文作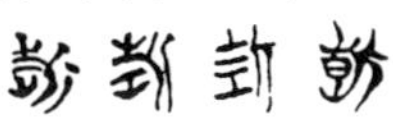，形有訛變，皆有理可尋。秦簡牘文作，承古而稍變，古隸典型。

467.正

正，甲骨文作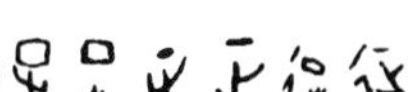，金文作,《説文》古文作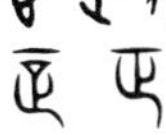，小篆作。

甲骨文和金文的早期字形都是从止从丁，丁亦聲。金文前四字形是商代字形，其中第四字形从二“止”，可視爲繁體。有學者説“丁”即“城”的初文，但作爲構形部件則與“口”（圍）含義相近，故或説从止从口會意。仔細比較甲骨文與金文字形會發現，表示相同意義的意符字可以用綫條勾勒，也可以寫成塊狀，因此，在古文字體系中，“丁”“口”（讀“圍”或“方”）多見通用。當然也可以這樣理解：那個或方或圓或在方圓之間的圓圈或圓塊，本來就是一個意義寬泛的符號，用在不同字形裏可能會代表不同意義和不同作用，比如從從止就可以理解爲邁開脚走向城邑或走向目的地，又兼作聲符，但是後來，這個圓圈或圓塊逐步寫成了一横，故隸定作“正”。甲骨文第六字形是西周甲骨文，从彳从正，正亦聲，隸定作“征”，則知“正”“征”本是一字。“正”的本義是出行或巡視，引申爲征伐、平定、正直、純正、匡正、治理、規範等義。卜辭或用征伐義。銘文或用征伐義，或用正直義，或用官長義，或通“政”，諸義實皆相因相成。提示：銘文或用“正”表示征伐義，但銘文也有“征”字，字形作，末字隸定作“延”，《新金文編》收入“延”字條。此字銘文或用出行義，或用征伐義，與“正”的用法相同，銘文“正月”或作“征月”。

楚簡帛文作，猶從古體，上增飾筆。秦簡牘文作，古隸典型。

468.之

之，甲骨文作，金文作，小篆作。

从止从一，“止”，足也。“一”指示出發之地。本義是往某處去。文獻多用作代詞、副詞、連詞、介詞、助詞。卜辭、銘文多用作代詞，或用作助詞。提示：“止”字三筆寫成，“之”字可以理解爲“止”下加一横，四筆寫成，注意區别。

楚簡帛文作，沿襲古體。秦簡牘文作，古隸典型。按照楚秦簡牘文字形依次臨摹書寫，就能從根本上理解書體的演變大勢。參見470.止字條。

469.執

執，甲骨文作，金文作，小篆作。

象人雙手戴手銬之形。依六書分析，甲骨文前二字形从㚔（niè）从丮（jǐ）會意，第三字形增从又表示以力制服，第四字形增从糸表示用繩索捆綁。第五字形是分體，从㚔从系會意，表示拘捕犯人。“㚔”，手械類刑具，用以拘捕犯人，故“㚔”有囚縶、拘執、懲治等義，隸變後作“幸”。“丮”象人跽坐伸手之狀。甲骨文“㚔”與人的雙手多合爲一體，意象顯明。金文多將“幸”“丮”分爲二體。或於“丮”下增“止”，“止”，足也，後世訛作“女”形。或增意符“廾”表示動作。“執”的本義是囚縶、拘捕，引申爲執持、執掌、主持、施行、堅持、固執等義。卜辭或作拘捕解。銘文多用拘捕、執持之義。提示：後世寫作“幸”字形的字其實有兩個來源，二者意義不同，本非一字。一個是上述“㚔”字隸變以後的字形。另一個則是來自古文字的“幸”，西周字形作，楚簡帛文作，从犬从倒“矢”形，隸定作“㚽”或“𡗗”，構形意義不明，邵瑛《羣經正字》説“今經典作‘幸’”，即今幸福、幸運之“幸”。

楚簡帛文“執”字作，沿襲古體而多有訛變。秦簡牘文作，古隸典型。參見009.報字條、447.圉字條。

470.止

止，甲骨文作，金文作，小篆作。

“止”，足也，後世作“趾”，今謂之脚。用動詞義有到達、止息、居住、停止、靜止、禁止等義。引申用爲名詞指地基，後世增意符“土”作“址”。古籍又用“止”作助詞。漢字結構多用“止”作意符，其構形義是足，表示行走或有所行動。卜辭或用同“趾”。銘文或用作人名。

楚簡帛文作，沿襲古體。秦簡牘文作，古隸典型。

471.旨

旨，甲骨文作，金文作，《說文》古文作，小篆作。

舊說以爲从匕从口會意。“匕”是取食的器具，即今之勺類。金文第四字形增短横作飾筆，則作“千”字形。“口”内或增短横則爲“甘”，隸定後與“日”形近，如甲骨文“香”字从黍从口，今體从日。“旨”字初文从匕从口，正以匕取美味入口會意，故“嘗”字从旨。季旭昇考察甲骨文“匕”字有與兩種基本字形，而“旨”之所从未見作“”者，因而認爲“旨”當是从人从口會意，表示人口所嗜。人口所嗜者，美味也。季説是仔細比較字形後的結論，值得重視。“旨”的本義是美味或味美，引申爲美好、意圖、宗旨、主張等義。卜辭、銘文或用作人名。銘文又或指味道甘美，又或通“詣”。

楚簡帛文作，沿襲古體。秦簡牘文作，已見訛變。

472.至

至，甲骨文作，金文作，《說文》古文作，小篆作。

甲骨文常見字形是倒置的箭頭，箭頭下以一横表示箭頭到達的地方。第三字形箭頭方向倒置。本義是到達，引申爲極點、窮盡、周密等義。又引申爲導致、給予等義，與“致”義同。卜辭、銘文或用本義，或用“致”義。

楚簡帛文作，前後二形顯然有時代差距。秦簡牘文作，篆隸雜糅，古隸典型。

473.志

志，金文作，小篆作。

从之从心會意，之亦聲。“之”，往也。内心的追求就是“志”，本義是心志、志向、目標。《説文》“志，意也”，可作注脚。銘文或用本義。

楚簡帛文作，沿襲古體。秦簡牘文作，古隸典型。提示：考察“志”字寫法的變化，可知“之”“心”二形的演變軌迹。

474.陟

陟，甲骨文作，金文作，《説文》古文作，小篆作。

从阜从步會意，表示由低處走向高處。“阜”，甲骨文作，象土山高坡之形，隸定作“𨸏”。羅振玉説，“陟”字从步表示二足由下而上。李孝定説，从步與从歨不拘，表意相同，皆象上升之形。“陟”的本義是登高，引申爲登程、晋升等義。卜辭、銘文皆用本義。提示：“陟”與“降”所从之“止”方向相反，表達的意義也相反。參見164.降字條。

475.智

智，甲骨文作，金文作，《説文》古文作，小篆作。

甲骨文第一字形从子从册，止聲。第二、三字形从子从册，矢聲。第四字形从册，知聲。第五字形从子从口，矢聲。金文多沿襲甲骨文第五字形而增从口，又在下面的“口”中增短横爲裝飾符號。單育辰認爲，“智”的早期字形當是會以口教小子識矢之意，其義相當於“志”，後世字形从于之“于”當是“子”之訛。學者或認爲，甲骨文字形當是从大，構形義是大人以書册向小孩傳授知識，大意或近是。文獻“知”“智”通用，二字實爲一字之變。卜辭用法不明。銘文或用智慧義，或讀如“知”。

楚簡帛文作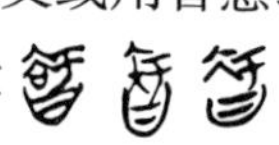，沿襲古體。秦簡牘文作，用隸書寫古體，古隸典型。

476.中

中，甲骨文作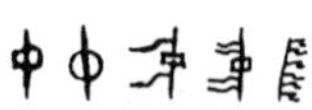，金文作，《説文》籀文作，古文作，小篆作。

早期字形是在一竪的中部加圓形或方形符號，表示位置正中。

甲骨文第五字形作㫃形，“㫃”當即“斿”，本象旗旒飄動之形，一竪表示旗杆。唐蘭説，“中”是古代氏族的徽幟，戰時用以召集民衆。卜辭“立中”是説用立“中”的方法來測風向或日影。對“立中”説最具有啓發意義的是，所見帶旗旒的“中”字字形，其旗旒飄動的方向都一致（《新金文編》中唯見一例異向，編者説，因其一側位置被其他字占據，故改書反向，“非恒例也”）。或又疑爲“幢”的初文。“幢”，這裏讀（chuáng），旌幢，一種用作儀仗的旗幟，垂筒形，飾以羽毛、錦綉。卜辭或用中間義。銘文多用中間、中等義，當爲本義。文獻或通“忠”。提示：銘文表示中正之“中”必有㫃形，而表示伯仲之“仲”或“史”字所从之“中”則無。又，裘錫圭在談到甲骨文、金文“中”字時説：“‘左中右’、‘上中下’、‘前中後’、‘大中小’等觀念，都應該是在文字出現之前就存在於人們頭腦之中的。古漢語裏，含有中間一類意義的‘中’這個詞，應該早就存在。决不會先出現作爲徽幟、旌旗名稱的‘中’，然後引申出‘中’的一般意義。”這一觀點值得重視。

楚簡帛文作，對比金文各體，可知皆有來源，更可以從中發現，漢字在不斷變化的過程中頑强地承傳着它固有的文化基因。漢字是最穩定的一種文字。秦簡牘文作，古隸風格。楚簡帛文字形極多，秦簡牘文删繁就簡，可見秦文字對漢字的統一之功。參見437.遊字條。

477.終

終，甲骨文作，金文作，《説文》“冬”的古文作，小篆作。《説文》“終”的古文作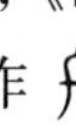，小

篆作。

張舜徽説，本爲治絲之終，初形象懸絲終端之狀，本義應該是表示一般意義的終結、完成等義，隸定作“冬”。字形被借用爲冬天之“冬”後，增“糸”爲意符表示本義。金文第五字形增“中”爲聲符，第六字形增“糸”爲意符，顯示是表示本義。所列字形在卜辭、銘文中讀“終”，義爲終止、完成。提示：《説文》分“冬”和“終”兩種字形，“冬”的古文增“日”爲意符，小篆增“仌”（即古“冰”字）爲意符，皆當是表示時令。《説文》“終”的古文是把古“冬”字兩側的點連成一條横綫，實際還是“冬”的字形。小篆則增“糸”爲意符。

楚簡帛文“冬”作，“終”作，沿襲古體而順其書寫之便。秦簡牘文“冬”作，“終”作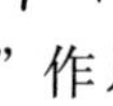，皆爲古隸。

478.鐘

鐘，金文作，小篆作，或體作。

从金，童聲，隸定作“鐘”。據小篆或體隸定作“銿”，从金，甬聲。聲符“甬”或作“庸”，故字作“鏞”，“銿”“鏞”皆是後起字。本義是樂鐘，古代打擊樂器。古者鐘以和樂，故通稱和鐘，禮儀必備。銘文用其本義。據金文第五字形隸定作“鍾”，初爲異體，後世别爲二字，“鍾”專指酒器，復爲計量單位，引申爲聚集、專一等義。劉釗説，金文末一字受“升”字影響而類化，則視爲“鍾”的初文。

楚簡帛文作，小篆二體因之。秦簡牘文作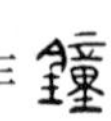，古隸典型。

479.眾

眾，甲骨文作，金文作，小篆作。

甲骨文以“日”下并列三人會意，表示眾多或人數眾多，引申爲大眾、普通等義。卜辭、銘文用以表示身份。朱鳳瀚認爲，“眾”在卜辭中泛指商代人諸宗族成員，也包括平民以及依附於宗族的異族成員。金文“日”多訛作横目，其後相沿，與用作意符、置於字形上部的古“網”字同形。

楚簡帛文作，沿襲古體。秦簡牘文作，古隸典型。

480.舟

舟，甲骨文作，金文作，小篆作。

象形，商至西周時期人們稱船爲舟。卜辭或用作氏族名、地名。銘文或用本義。

楚簡帛文作，或有訛變。

481.州

州，甲骨文作，金文作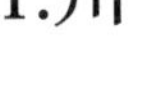，《説文》古文作，小篆作。

劉釗説，甲骨文象河中有陸地，戰國文字可能已將中間部分聲化作“丩”，秦漢簡牘作三“丩”形，小篆亦从三“丩”。本義是水中陸地，後因而用爲方國名、民户編制名稱或區劃單位名稱，故增“水”旁作“洲”以表示本義。卜辭或用作地名、方國名或氏族名。銘文或用作人名、地名。

楚簡帛文作，沿襲古體。秦簡牘文作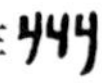，古隸典型。

482.周

周，甲骨文作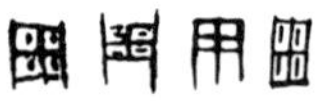，金文作，《説文》古文作，小篆作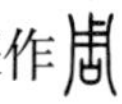。

構形難得確解。解釋多圍繞“周”字形、“田”字形展開，如或説象莊稼滿地，故用爲稠密、周密之義。或説象方格縱横，花紋燦然，是“雕”的初文，《新金文編》“琱”下收麥方尊銘文中近似甲骨文第一字形的“琱”字，説“周”字重見。或説本象田疇，或增小點作裝飾，後世誤作从用。“周”字後世多用作地名、方國名，故增“口”作區别符號。文獻多用周密、緊密、普遍、完備等義，又用作地名、朝代名。又或通“雕”。卜辭用作氏族名。銘文用爲地名、方國名。

楚簡帛文作，依古體而略有訛變。秦簡牘文作，古隸典型。

483.書

書，甲骨文作，金文作，《説文》古文作，小篆作。

从日，聿聲。卜辭、銘文皆指白晝。

楚簡帛文作，沿襲古體。秦簡牘文作，古隸典型。

484.逐

逐，甲骨文作，金文作，小篆作。

前二字形是甲骨文常見字形，从豕（shǐ）从止會意。“豕”，今謂之豬。“止”，足也。末一字是西周字形，从豕从辵，金文沿襲。从辵與从止表意相同。早期字形尚未固定，“豕”或作“鹿”，或作“兔”，表意相同，合體均會追趕之義，金文以後統一从豕。“逐”字以追逐野獸的構形意義表示追逐之義，又引申爲驅逐、追求、追隨、競爭等義。卜辭追人用“追”，追獸用“逐”，皆切合字形。銘文或用驅逐義，或用作人名。

楚簡帛文作，或从辵从犬，隸定作“迖”。秦簡牘文作，古隸典型。參見488.追字條。

485.祝

祝，甲骨文作，金文作，小篆作。

象人在神主前跽跪祈禱，本義當爲祭禱。卜辭用祭禱義。銘文多用作職官名，主管祭祀。又或用作祈禱義。提示：有人認爲，早期“祝”字所从之人作跽坐形，“兄”字所从之人作直立形，區别明顯，金文以後趨於一致，如所附金文末字。

楚簡帛文作，沿襲金文，或左右易位。秦簡牘文作，古隸典型。參見392.兄字條。

486.鑄

鑄，甲骨文作，金文作，小篆作。

甲骨文第一字形上从臼（jú）、从倒置之“皿”；下从皿，“皿”上从火，表示加火使金屬熔化，此“皿”當是表示範。第二字形上作人形，下从火从皿，表意與前者相同。金文第一字形上从鬲，“鬲”下三點表示熔液，下从皿。第二字形上从臼从鬲，中从火，下从皿。第三字形上从臼、从倒置之“皿”，下从皿，中从金，“金”的右側是聲符“𠷎”，“𠷎”即古“疇”字。從上述三種字形來看，總體應該是表示雙手持容器，將金屬熔液注入範中，顯示爲冶金鑄器之象。其餘字形或有繁簡，但表意都可以根據繁體推斷。本義是熔鑄。卜辭、銘文用本義。提示：甲骨文有等字，裘錫圭釋爲“注”，説在卜辭裏可能讀“斀”“駐”或“鑄”，即一個“注”字代表三個詞，有去陰之刑、駐紮、用作方國名和地名的“鑄”三種詞義。而甲骨文“鑄”字的第三字形中，明顯表示有一器熔液注入範中，故知鑄器的主要工作就是把熔化的金屬注入器範，“鑄”應該就是由“注”複雜的孳生出來的一個詞。據此，則甲骨文第一、三字形也可以視爲複雜的形聲兼會意字，“注”兼作聲符。又，金文倒數第三字形从金，肘聲。初看或不解，但看楚簡帛書“守”字作，與甲骨文和金文一脈相承，都是从宀，肘聲，而所从之“肘”與之所从正同。有此一證，自然釋疑。

楚簡帛文作，訛變較多，保留了早期字形的“皿”字符。戰國璽印文字作，保留了早期字形的“火”字符。秦簡牘文作，古隸典型。

487.隹

隹，甲骨文作，金文作，小篆作。

象鳥形，隸定作“隹”（zhuī），與“鳥”爲一字之分化。卜辭、銘文多讀如“唯”，用作助詞、副詞或連詞。銘文又通“誰”“雖”“爲”“罹”。可能因爲“隹”的形體比“鳥”字簡單好寫，便于組字，故“隹”在後世主要用在表示鳥禽之名或與鳥禽相關意義的字中作意符。

楚簡帛文作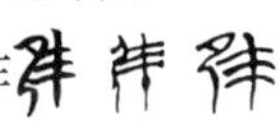，沿襲古體。

488.追

追，甲骨文作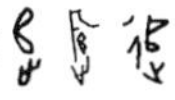，金文作，小篆作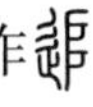。

甲骨文第一字形上方从，早期作屈折形，隸定作“𠂤”，一般認爲是古“堆”字，卜辭讀“師”。下方从止，“止”，足也，則“追”字从止从𠂤亦猶从止从師，會追逐敵軍之意，“𠂤”兼作聲符。第二字形增“㫃”作意符，“㫃”是“斿”即“旗”的初文，此代指軍隊，从㫃與从師表意相同。第三個是西周字形，

从辵與从止表意相同。金文或从彳，或从辵，與从止表意相同。本義是追逐或追逐敵人，引申爲追擊、回溯、追念等義。卜辭表示追人用“追”，表示追獸用“逐”，施用對象不同，所用的詞也不同。銘文或用追擊、回溯、追念等義，或用作人名。提示：裘錫圭説，“𠂤”是古“堆”字，可能是指人工堆築的堂基之類。又説从隹之字多有高出義，故人的臀部或尾椎骨也叫“脽”（shuí）。“臀”“脽”古音相近，二字同源。劉釗説，“𠂤”可能就是古“脽”字，“堆”是引申義。“𠂤”既是指人工堆築的堂基，則又與“殿”義相通。從語源角度看，“堆”“殿”“𠂤”與“師”音義相通，“師”之名或即源自軍旅駐紮。

秦簡牘文作，古隸典型。參見297.師字條。

489.子

子，甲骨文作，金文作，《説文》籀文作，古文作，小篆作。

基本字形可分兩類：一類爲簡單字形，象小兒，本義是小兒。卜辭和早期銘文用本義或用作地支第六位的“巳”。另一類爲複雜字形，突出描摹出小兒頭髮、頭顱與二脛，表示小兒。卜辭用此形表示地支第一位“子”。季旭昇認爲，商代及西周早期表示地支第六位用“子”字，其後改用“巳”字。

楚簡帛文作，沿襲金文簡單字形。秦簡牘文作，末字已成古隸。參見320.巳字條。

490.自

自（鼻），甲骨文作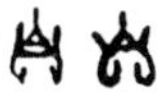，金文作，《説文》古文作，小篆作。

甲骨文象鼻形，“鼻”的初文。“自”用作代詞或介詞後，乃造“鼻”字表示本義，從此“自”與“鼻”各有分工。卜辭或用本義，如“疾自”是説鼻子出了毛病。或用爲自稱代詞。銘文或用作自稱，或用作介詞。提示：這個字條尚有以下問題值得研究。第一，“自”是鼻子的象形，就是説，根據早期構形和隸定，這個寫作“自”的字應該是表示“鼻”義的詞。但它早在卜辭時代實際就有了現代漢語的“鼻”和“自”兩種完全不同的詞義，而後世表示這兩個不同詞義的時候，却用了不同的字形。那麼，該字條是應該用“自”作字頭，還是應該用“鼻”作字頭呢？如果用“自”作字頭，字條下收不收後世“鼻”的字形呢？就是説，是從字的角度解釋，還是從詞的角度解釋呢？第二，甲骨文又有，从自，畀（bì）聲，隸定作“鼻”。裘錫圭説，“畀”是突出箭鏃部分的箭，字形與“矢”相近，文獻借“匕”字表示，二字古音相近，則“鼻”是“自”的增聲符字，故《新甲骨文編（增訂本）》收在“鼻”字條下。但據裘錫圭研究，它在卜辭裏是用作地名，而不像“自”那樣在卜辭裏有表示鼻子的用法。需要討論的是，“自”字條該收甲骨文“鼻”的字形嗎？我們的思路是，如果收入，那麼後世表示鼻子意義的“鼻”的字形也該收入。如果不收，那麼後世“鼻”的字形也一概不收，但無論是收或不收，都需要從字、詞兩個層面加以解説。本字條采用最簡明的方法，而把複雜的思考放在

“提示”裏説明。第三，“鼻”和“自”究竟是什麽關係呢？是假借用法，還是引申用法？有人説，可能古人也像現代人一樣，會指着鼻子稱自己。如果真是這樣，那自己的“自”就是“鼻”的引申義了。以上問題對字書編寫帶有普遍意義，故提出討論。

楚簡帛文作，可見今體“自”字的形成過程。秦簡牘文作，古隸典型。

491.字

字，金文作，小篆作。

从宀从子，以“子”在“宀”下會意，“子”兼聲符。本義是生小孩兒，引申爲生育、哺育、孳乳、繁衍等義。又指文字，《説文·叙》：“倉頡之初作書，蓋依類象形，故謂之文。其後形聲相益，即謂之字。字者，言孳乳而浸多也。”此言文、字之别，即“字”是“文”之子。“字”在銘文中或用生育義。或讀如“孳”。孳，生也，“孳”“字”音義相因，語出一源，後乃一分爲二，亦即所謂“孳乳而浸多”之意。又或讀“子”“慈”，與“字”亦音義相因。提示：或以爲今釋爲“字”的上部其實不从宀，而是婦人下體雙腿之形，整個字象婦人産子之形，是“娩”字的異體。

楚簡帛文作，楚系風格。秦簡牘文“字”作，古隸風格。

492.宗

宗，甲骨文作，金文作，小篆作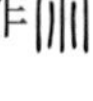。

从宀从示。甲骨文“示”作，象神主之形，簡體爲“主”字形，後兩側增飾筆則爲“示”，後世據字形釋爲二字，則“示”與“主”爲一字分化，故“宗”字从宀从示，亦可視爲从宀从主，會意字。本義是祖廟，引申指宗室、宗族、宗親，又引申爲尊崇、歸向等義。卜辭用本義。銘文亦多用本義。

楚簡帛文作，沿襲古體。秦簡牘文作，古隸典型。參見305.示字條。

493.走

走，甲骨文作，金文作，小篆作。

甲骨文基本字形象人雙臂上下擺動之狀，後來演變爲“夭”字。第二字形構形不明。金文增意符“止”或“辵”，小篆从夭从止。本義是奔跑或奔走效力，引申爲逃跑、離開、背離等義。卜辭或用奔走效力義。銘文多用疾行、奔走效力義。又或用作第一人稱代詞，則爲謙稱。又用作人名。銘文“走馬”是職官名。

楚簡帛文作，沿襲古體。秦簡牘文作，訛變已多。

494.足

足，甲骨文作，金文作，小篆作。

早期字形象人膝至脚的全形，而於其下方或上方附一“止”。“足”在上古指今之小腿和脚，後世則指今之脚。而今之脚，上古則稱爲“止”。戰國時字形由“足”分化出“疋”字，或讀如“胥”，或讀如“雅”。“足”的字形《新甲骨文編（增訂本）》收入“疋”字頭下。“足”本用於人，引申用以指稱動物肢體、植物根莖或物體基部。又引申爲足够、富足、滿足等義。卜辭或用本義。銘文或用輔助義，或用作人名。

楚簡帛文作，對比二形，可知“足”“疋”混用并非無由。秦簡牘文作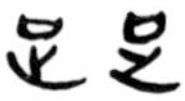，古隸典型。

495.族

族，甲骨文作，金文作，小篆作。

初文从㫃（yǎn）从矢。裘錫圭説，“㫃”可能是“旂”的初文，故古代表示旗幟意義的字多从㫃。丁山説，“族”字从㫃从矢會意，“㫃”用以聚衆，“矢”用以攻敵。考古代軍旅或源於部族武裝，故“族”既指軍旅，也用以指稱部族、氏族、家族、家兵，又引申爲聚合、衆多、品類等義。卜辭、銘文多用軍旅義。提示：古代軍事組織與家族關係密切，清人八旗制當爲古制孑遺，可作佐證。

楚簡帛文作，沿襲古體。秦簡牘文作，古隸典型。參見437.遊字條。

496.祖

祖，甲骨文作，金文作，小篆作。

本是“俎”的初文，今稱砧板，因借用爲先祖之“祖”，故後世增“示”爲意符。“俎”“祖”二字的初文或同形而表示異物，或因形音俱近而通用。

楚簡帛文作，或增虍聲。秦簡牘文作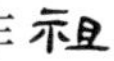，古隸典型。參見415.宜字條。

497.尊

尊，甲骨文作，金文作，小篆作，或體作。

基本字形从廾从酉。“廾”爲雙手之形，表示雙手動作。“酉”象酒器，也是“酒”的初文。“尊”字从廾从酉即表示以雙手持酒敬奉，初當用於祭禮，本義是置酒或置酒祭祀。或从阜，當無實義。金文所从之“酉”或作“酋”者，“酉”與“酋”爲一字之變。後世多从寸，从寸與从又、从廾表意相同。又或增意符“木”作“樽”，增意符“缶”作“罇”等。唐蘭説，凡青銅器名前冠以“尊”字者，都是指在行禮時放置在一定位置上的器，如“尊鼎”“尊匜”，是指陳列用的鼎和匜。作爲共名使用，則凡酒器可通稱爲“尊”。商尊或作方形，觚棱。西周多爲圓形。作鳥獸之形者謂之犧尊。卜辭多用本義。銘文或用陳設、敬獻義，或用尊敬、尊貴等義。

楚簡帛文作，沿襲古體。秦簡牘文作，篆隸雜糅。參見093.福字條。

498.左

左，甲骨文作，金文作，小篆作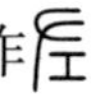。

甲骨文象左手之形，引申表示方位，用作動詞則有佐助等義。金文增“言”“口”或“工”形作區別符號，後逐漸統一爲增“工”作“左”。卜辭用作方位詞。銘文或用作方位詞。或用輔佐義，則讀作“佐”。

楚簡帛文作，沿襲古體。秦簡牘文作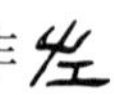，古隸典型。參見441.又字條。

499.作

作，甲骨文作，金文作（摹本），小篆作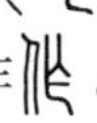。

裘錫圭説，甲骨文从刀从木會意，義爲以刀砍木，“柞”的初文。金文偶或增意符“又”或“支”。第七字形爲倒書。戰國晚期从人旁而省意符“又”作“作”沿用至今。本義是用刀砍伐草木以開墾土地。曾憲通認爲，“乍”字取象可能與耒耜有關，本義是以耒起土。裘、曾二説解釋構形意義不同，故解釋本義也稍有不同，但都可以引申爲耕作、農作、勞作、製作、作爲等義。卜辭或用本義。銘文或用製造、建立、作爲、從事等義。提示：有些字形與“亡”字相近，注意區别。

楚簡帛文作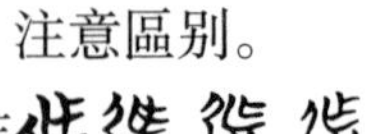，增从人旁。秦簡牘文作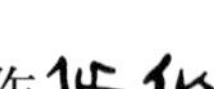，

古隸風格。參見346.亡字條。

500.坐

坐，甲骨文作，《説文》古文作，小篆作。

甲骨文象人跪在席上，因知古代所謂“坐”即現在的跪勢。依六書可解爲从人从㐁（tiàn）會意，“㐁”即“簟”（diàn）的初文，草席。後世沿用《説文》古文字形。本義相當於現在的跪坐，引申爲留守、居住、搭乘等義。其名詞義則指座位，後世作“座”。卜辭或用爲安放義。提示：大致而言，渾言之，“坐”“跪”於古當本爲一事，即二者皆雙膝着席。析言之，則臀部着於下腿曰“坐”，臀部抬起、上身直立曰“跪”，即所谓“危坐”。陳劍釋上博簡从辵从坐的“逘”字爲“危”，説古代之“坐”本即“跪”，“危”應是“跪”的初文，季旭昇進而認爲“坐”“危”可能本是一字，竊以爲二者皆可稱探源之論，説到根本，“跪”爲“危”即“坐”的孳乳字。由此可以推測，“危”之解爲正直、端正、高聳、不安等義，亦當是由“危坐”引申而出，亦即因“跪”義而出，故清人趙翼《陔餘叢考・古人跪坐相類》説：“蓋以膝隱地，伸腰及股，危而不安者，跪也；以尻着蹠，體便安者，坐也。”視此，則甲骨文早期“安”字作，所从之“女”的股、脛間多加一筆，亦當是表示股脛接觸，即所謂“安坐”之義。又以常理推之，“跪”必難以持久，故當以“便安”之“坐”爲常，而“跪”衹用於少數表示恭敬或警覺的場合；而且可以進一步推想，平居實亦無妨“踞坐”，《論語・陽貨》：“居！吾語汝。”此“居”即踞坐，則更加自由舒適。

楚簡帛文作，以人跪坐於土上會意，从丙變爲从土可能有兩個原因：一是“丙”訛變近“工”，後類化爲“土”而造新的會意字；二是“丙”字不便書寫，故或作“工”，而从工無解，故易“土”以重構。秦簡牘文作，字形上部本是爲求對稱改从二人形即二“卩”，但形已訛變，小篆誤解爲“从留省”。參見002.安字條、052.疒字條、324.宿字條。

主要參考文獻

（按照編著者姓氏的漢語拼音字母順序排列）

一、專書類

白於藍：《拾遺録——出土文獻研究》，北京：科學出版社，2017年。

白於藍主編：《簡帛通假字大系》，福州：福建人民出版社，2017年。

陳漢平：《屠龍絶緒》，哈爾濱：哈爾濱教育出版社，1989年。

陳劍：《甲骨金文考釋論集》，北京：綫裝書局，2007年。

陳劍：《戰國竹書論集》，上海：上海古籍出版社，2013年。

陳斯鵬等：《新見金文字編》，福州：福建人民出版社，2012年。

陳斯鵬：《卓盧古文字學叢稿》，上海：中西書局，2018年。

陳松長等：《嶽麓書院藏秦簡（壹—叁）文字編》，上海：上海辭書出版社，2017年。

陳夢家：《西周銅器斷代》，北京：中華書局，2004年。

陳夢家：《殷虚卜辭綜述》，北京：中華書局，2004年。

戴家祥：《金文大字典》，上海：學林出版社，1999年。

董蓮池：《新金文編》，北京：作家出版社，2011年。

方勇：《秦簡牘文字編》，福州：福建人民出版社，2012年。

郭沫若：《兩周金文辭大系》，北京：科學出版社，1957年。

郭永秉：《古文字與古文獻論集》，上海：上海古籍出版社，2011年。

郭永秉:《古文字與古文獻論集續編》, 上海：上海古籍出版社，2015年。

何景成:《甲骨文字詁林補編》, 北京：中華書局，2017年。

何九盈:《漢字文化學（第2版）》, 北京：商務印書館，2016年。

何琳儀:《戰國古文字典——戰國文字聲系》, 北京：中華書局，1998年。

何琳儀:《戰國文字通論（訂補）》, 上海：上海古籍出版社，2017年。

黄德寬主編:《古文字譜系疏證》, 北京：商務印書館，2007年。

季旭昇:《説文新證》, 臺北：藝文印書館，2014年。

李春桃:《古文異體關係整理與研究》, 北京：中華書局，2016年。

李家浩:《安徽大學語言文字叢書・李家浩卷》, 合肥：安徽大學出版社，2013年。

李圃主編:《古文字詁林》, 上海：上海教育出版社，2004年。

李守奎:《楚文字編》, 上海：華東師範大學出版社，2003年。

李孝定:《甲骨文字集釋》, 臺北:"中央研究院"歷史語言研究所，1965年。

李學勤主編:《字源》, 天津：天津古籍出版社，2012年。

李學勤主編，沈建華、賈連翔編:《清華大學藏戰國竹簡（壹—叁）文字編》, 上海：中西書局，2014年。

李學勤主編，沈建華、賈連翔編:《清華大學藏戰國竹簡（肆—陸）文字編》, 上海：中西書局，2018年。

林義光:《文源》, 上海：中西書局，2012年。

林澐:《林澐學術文集》, 北京：中國大百科全書出版社，1998年。

林澐:《林澐學術文集（二）》, 北京：科學出版社，2009年。

劉雨、盧岩:《近出殷周金文集録》, 北京：中華書局，2002年。

劉雨、嚴志斌:《近出殷周金文集録二編》, 北京：中華書局，2010年。

劉釗:《古文字構形學（修訂本）》，福州：福建人民出版社，2011年。
劉釗:《書馨集》，上海：上海古籍出版社，2013年。
劉釗主編:《新甲骨文編（增訂本）》，福州：福建人民出版社，2014年。
劉釗:《書馨集續編》，上海：中西書局，2018年。
裘錫圭:《文字學概要（修訂本）》，北京：商務印書館，2013年。
裘錫圭:《裘錫圭學術文集》，上海：復旦大學出版社，2012年。
宋鎮豪主編:《甲骨文獻集成》，重慶：四川大學出版社，2001年。
徐超:《中國傳統語言文字學》，濟南：山東大學出版社，2000年。
徐在國:《上博楚簡文字聲系》，合肥：安徽大學出版社，2013年。
王子楊:《甲骨文字形類組差異現象研究》，上海：中西書局，2013年。
于省吾:《甲骨文字釋林》，北京：中華書局，1979年。
王國維:《觀堂集林》，北京：中華書局，1959年。
王輝主編:《秦文字編》，北京：中華書局，2015年。
王輝:《古文字通假字典》，北京：中華書局，2008年。
楊樹達:《積微居小學金石論叢》，北京：科學出版社，1955年。
楊樹達:《積微居金文説》，北京：科學出版社，1959年。
姚萱:《殷墟花園莊東地甲骨卜辭的初步研究》，北京：綫裝書局，2006年。
謝明文:《商周文字論集》，上海：上海古籍出版社，2017年。
禤健聰:《戰國楚系簡帛用字習慣研究》，北京：科學出版社，2017年。
唐蘭:《殷虛文字記》，北京：中華書局，1981年。
唐蘭:《唐蘭先生金文論集》，北京：紫禁城出版社，1995年。
田煒:《西周金文字詞關係研究》，上海：上海古籍出版社，2016年。
湯餘惠主編:《戰國文字編（修訂本）》，福州：福建人民出版社，2016年。

湯志彪：《三晋文字編》，北京：作家出版社，2013年。
于省吾主編、姚孝遂編輯：《甲骨文字詁林》，北京：中華書局，1996年。
張儒、劉毓慶：《漢字通用聲素研究》，太原：山西古籍出版社，2001年。
張世超等：《金文形義通解》，日本京都：中文出版社，1993年。
趙平安：《新出簡帛與古文字古文獻研究》，北京：商務印書館，2009年。
趙平安：《金文釋讀與文明探索》，上海：上海古籍出版社，2011年。
趙平安：《新出簡帛與古文字古文獻研究續集》，北京：商務出版社，2018年。
中國科學院考古研究所：《甲骨文編》，北京：中華書局，1965年。
中國社會科學院考古研究所：《金文文獻集成》，北京：綫裝書局，2005年。
中國社會科學院考古研究所：《殷周金文集成（修訂本）》，北京：中華書局，2007年。
周波：《戰國時代各系文字間的用字差異現象研究》，北京：綫裝書局，2012年。
朱德熙：《朱德熙古文字論集》，北京：中華書局，1995年。

二、論文類

陳斯鵬：《楚簡“圖”字補正》，《康樂集：曾憲通教授七十壽辰論文集》，廣州：中山大學出版社，2006年。
郭永秉、鄔可晶：《説“索”、“剢”》，《出土文獻》第三輯，上海：中西書局，2012年。

黄天樹:《花園莊東地甲骨中所見的若干新資料》,《陜西師範大學學報(哲學社會科學版)》2005年第3期。

冀小軍:《説甲骨金文中表祈求義的𠦪字》,《湖北大學學報(哲學社會科學版)》1991年第1期。

蔣玉斌:《釋甲骨金文中的“蠢”兼論相關問題》,《復旦大學學報(社會科學版)》2018年第5期。

鞠焕文:《〈金文形義通解〉訂補》,東北師範大學博士學位論文,2014年。

李家浩:《談“斤”説“鏼”》,《中國文字學報》2011年第7期。

劉海宇:《漢代畫像磚中的西王母持紝器圖考》,《清華大學學報(哲學社會科學版)》2018年第1期。

裘錫圭:《説從“𡿪”聲的從“貝”與從“辵”之字》,《文史》2012年第3期。

裘錫圭:《談談編纂古漢語大型辭書時如何對待不同於傳統説法的新説》,《辭書研究》2019年第3期。

沈培:《釋甲骨文金文與傳世典籍中跟“眉壽”的“眉”相關的字詞》,《出土文獻與傳世經典的詮釋:紀念譚樸森先生逝世兩週年國際學術研討會論文集》,上海:上海古籍出版社,2010年。

沈培:《説古文字裏的“祝”及相關諸字》,《簡帛(第二輯)》,上海:上海古籍出版社,2007年。

王子楊:《甲骨文舊釋“凡”之字絶大多數當釋爲“同”》,《出土文獻與古文字研究(第五輯)》,上海:上海古籍出版社,2013年。

鄔可晶:《説古文字裏舊釋“陶”之字》,《文史》2018年第3期。

吴振武:《試釋西周金文獄簋銘文中的“馨”字》,《文物》2006年第5期。

謝明文:《説夙及其相關之字》,《出土文獻與古文字研究(第七輯）》，上海：上海古籍出版社，2018年。

謝明文：《鳳母𠬸觶銘文補釋》，《出土文獻研究（第十七輯）》，上海：中西書局，2018年。

張崇禮：《釋古文字中的“畫”與“彫”》，復旦大學出土文獻與古文字研究中心網站（http://www.gwz.fudan.edu.cn/Web/Show/1970），2012年12月8日。

張玉金：《論甲骨文中的“賓”字及相關問題》，《古漢語研究》1996年第2期。

張玉金：《論殷商時代的祰祭》，《中國文字》新三十期，2005年。

朱鳳瀚：《殷墟卜辭中的“衆”的身份問題》，《南開學報（哲學社會科學版）》1981年2期。

朱鳳瀚：《柞伯鼎與周公東征》，《文物》2006年第5期。

漢字筆畫檢字表

説　明

一、檢字表所列的字頭，除了 500 個通解字例外，500 字條下涉及的其他字也一併列出，這些字大致包括與字例相關的古今字、異體字、分化字、孳乳字，以及隨文解釋的、作爲構形意符或聲符的字，還有知識拓展部分涉及的一些其他字等。

二、斜綫後的數字爲字例序號，如“索 /329”表示“索”字在第 329 條。相關的字頭，則後括字例以示區别，亦見其相關性，如“素（索）/329”表示“素”字在第 329. 索字條下。

三、字頭與上一行相同者，用“~”表示。

三畫

四畫

五畫

六畫

七畫

八畫

九畫

十畫

十一畫

十二畫

十三畫

十四畫

十七畫

十八畫

十九畫

二十畫

二十一畫

二十二畫

二十三畫

二十四畫

二十五畫

後　記

本書初爲自藏西周青銅器銘文拓片題寫題跋而作。題跋首先是解釋金文字形，因而就追溯到了甲骨文。後來發現考釋内容偏多，所以就乾脆獨立成書。題跋需要文簡義賅，所以我的寫作語體采用淺顯文言。現在成了《古漢字通解500例》，語體即應隨之改變。但畢竟是解釋古文字，又要引用前賢的文言著作，爲避免前後文白懸殊，就成了現在這種風格，其中可能有一些文白夾雜的話。

隔行如隔山。我從傳統語言文字學專業跑到古文字學的山下一看，風景如此秀美深邃，使我欲罷不能。但一邁開脚步，就發現處處都是“是非”之地，預感到即將面臨的挑戰。我深知，這些學問對語言文字的探源探秘必然大有裨益，與我的長期研究興趣完全契合，這是巨大的誘惑。而從門外向門内出發，就必須對固有知識進行全面更新，這是更大的挑戰。不管如何，這個課題的意義和趣味都深深地吸引着我，於是決定上路。

從動筆起稿到現在大約花了三年多時間。一路走來，有許多話要説。首先我要坦率地説，與我寫其他著作相比，對於這部拙著，我是特别用功用心的。“特别”是因爲跨專業，“用功”主要是指跨專業性的補課、學習，“用心”則主要是指聯繫本專業的深入思考。

我的專業是中國傳統語言文字學，對“山外之山”所知甚少，這是我寫作本書的致命弱點，故可以想象和肯定，本書中的錯誤在所難免，我衷心希望得到讀者朋友們的指教。不過，他山之石亦或別有其用，外行人也可能有他獨特的視角。我長期關注文字、音韵、訓詁三者關係的研究，關注文字形音義相承相因而又相挾而變的研究，關注語源研究，也同時兼及古文字書法，所以在這部書裏，我自然會滲入我的關注點，這些關注點主要體現在知識拓展部分，它幾乎涵蓋了古代漢語的全部知識領域，而用“提示”揭明的部分文字，有些涉及方法論，更多的則體現爲我對漢語言文字現象更深層次的思考。當然，這樣做是否有意義，或者究竟有多大意義，以及得出的有關結論是否正確，我都不敢自是，我會安靜地期待讀者的批評，期待這些批評給我帶來進步。不過，在此我還是要表達我的一個重要觀點，這就是：學問之失多因偏于一隅，故治學之要貴在融通。我曾在尼山學堂的課堂上多次提到，學習傳世早期今文字古文獻的學者最好能懂一點古文字文獻知識，學習古文字文獻的學者當然也必須熟悉傳世早期今文字古文獻。因爲傳世早期今文字古文獻本是由古文字文獻轉換而來，故祇有古今融通，才能左右逢源，得其本真。所以我相信我的這個努力方向是不錯的。還有，我曾經説過，我把本書看作是舊著《中國傳統語言文字學》向源頭方向的延長，二書可視爲“互相足”的關係。巧的是，《中國傳統語言文字學》最近被山東大學文學院列入“高等學校中文一流學科參考教材”，將於近期由山東大學出版社再版（三版），讀者如以二書互參，或將更能理解作者的志趣和用心。

準確地説，拙著乃是我學習古文字的一份作業。學習的對象首先是歷代學者、特别是當代傑出學者的研究成果，這在《前言》中已經談到，此不贅述。這裏要説的是，本書所以能够問世也直接得益於我身邊的朋友。在此，我要感謝我2002級博士生張曉明教授，感謝我的同事王輝博士，他們曾經幫助我審讀了第一稿和第六稿，并提出修改意見。我2005級博士生張崇禮教授仔細審讀了第七稿，并以一位古文字專業學者的身份詳細寫出修改意見，我向他表示真誠的謝意。張曉明教授給書中的冷僻字作了注音，同時又審讀了第十二稿。我還要感謝友生、原山東畫報出版社尹奎友社長，他以一位資深編輯的身份多次審讀并最後處理了全部文稿，給拙著付出了智慧和辛勞。爲本書出力最多的則是友生劉海宇博士。海宇早先是我的文字學方向的碩士研究生，後轉而攻讀考古學博士學位，現任日本岩手大學教授，在古文字、古文獻以及考古博物等諸多領域都很有造詣。拙著草稿無數，正式成形的多至十二稿，每稿都通過電子郵件向海宇徵求意見，而海宇則不憚其勞，總是認真審核，查證文獻，提出意見，爲我能够斟酌損益以至最後發表結論提供了基本條件，許多疑難問題才得以解决，拙著才得以完善、定型。此外，他還爲本書編寫了《主要參考文獻》。我對海宇爲本書貢獻出的真誠、智慧和辛勞表示感謝。

復旦大學出土文獻與古文字研究中心主任、著名古文字學家、長江學者劉釗教授在百忙當中審讀了本書第十稿，在從《前言》到《後記》的稿本中，留下了他的朱筆批注，他的細心和直言使我感受到他對學術和同道的真誠。特别要説的是，我與劉釗教授素不相識，也從無聯繫，而他能以學術爲天下公器的胸懷給我以如此無私的支持，這種精神令我非常感動和欽佩。而他提出修改意見的地方，我都據以修改補正了，可以説，是他爲確保拙著質量把了一道重要關口。在此，我謹向久讀其著而無緣一晤的劉釗教授深表謝忱。

我還要感謝山東大學文學院對本書給予的經費支持，感謝山東大學文學院院長、長江學者杜澤遜教授對我的鼓勵和支持。早在他擔任儒學高等研究院副院長期間，他在閲讀拙著初稿後説了“正本清源”四個字。調任文學院院長後看了拙著第四稿，又給了“獨樹一幟”四個字。明知是言過其實，但簡明八字揭明了我深藏着的寫作初衷，使我增加了努力的力量。後來，我又聽到他對文學院全體退休老師説：“你們衹管寫‘好書’，其餘的事由我們辦。”這是我有生以來第一次聽到如此簡明的鼓勵學術研究的話。雖然我的寫書多半是出自興趣，但聽到這樣的話，自然也會得到一種鼓舞的力量。他説的“寫‘好書’”中的“好書”我印象深刻，我想，“正本清源”和“獨樹一幟”八字也許説出了學界和社會的期望，能做到這八個字應該就是“好書”了，拙著距此要求甚遠，所以我要努力“達標”，在這八個字上多下功夫。

友生許淑娟、李振豪、王鑫鑫、施曉彤等人幫助我核查了書中所附部分字形圖片，李振聚博士幫我審查了第五稿的標點符號。他們都曾爲本書付出過繁瑣的勞動，我向他們致謝。

我還要感謝中華書局徐俊先生、俞國林先生對出版拙著的支持，感謝責任編輯朱兆虎、馬現宸先生認真負責的辛勞。

最後，在拙著即將付梓的時候，我極想表達一下我銘刻在心的一種情結，這就是感恩情結，即我要感恩這個千載難逢的時代，感恩祖國的經典文化和經典學術，感恩前輩師長，感恩我的先輩及家人。昔日我曾戲作《賤軀謡》，其中寫道：“賤軀又不賤，父母延長綫。”我們靠汲取先輩的學術營養成長，我希望自己能用自己的學術和藝術做先輩事業的“延長綫”，借以延長祖國優秀的文化血脈，令其萬代溢彩流光。儻能如此，這當是我人生最大的幸福。

2020年6月1日徐超謹記於三摩帝書屋。

〔補記〕拙稿付梓前，我高興地得知徐在國教授、侯乃峰教授加盟我院漢語言文字學專業，使我有機會榮幸地引以爲同事，於是我請杜澤遜院長協調，懇請二位先生對拙著再加審讀。二位仗義俯允，多有補正，給拙著又增加了一道“保險”，謹此鳴謝。書稿又曾得黄傑博士審讀一過，今一並致謝。

又，清樣看了兩遍，補正不少。這就更加證明，書中有待補正者仍然很多，期待讀者批評指正。此刻，腦子裏突然跳出唐人盧延讓的兩句詩來：“吟安一個字，撚斷數莖須。”蓋詩人言之，於我心有戚戚焉，以爲斟酌之難非此二句不能傳神也，因記之以作勸學語。2021年10月28日，徐超補記。

山東大學中文專刊目録

《楊振聲文集》

《黄孝紓文集》

《蕭滌非文集》

《殷孟倫文集》

《高蘭文集》

《殷焕先文集》

《劉泮溪文集》

《孫昌熙文集》

《關德棟文集》

《牟世金文集》

《袁世碩文集》

《劉乃昌文集》

《錢曾怡文集》

《葛本儀文集》

《董治安文集》

《張可禮文集》

《郭延禮文集》

《曾繁仁學術文集》

《中國詩史手稿》(陸侃如、馮沅君)

《詩經考索》(王洲明)

《出土文獻與先秦著述史研究》（高新華）
《戰國至漢初的黄老思想研究》（高新華）
《蔡倫造紙與紙的早期應用》（劉光裕）
《劉光裕編輯學論集》
《摯虞及其〈文章流别集〉研究》（徐昌盛）
《王小舒文集》
《蘇軾詩文評點研究》（樊慶彦）
《中國小説互文與通變研究》（李桂奎）
《中國當代戲曲論争史述》（劉方政）
《中國電影新生代的軌迹探尋》（丁晋）
《莫言小説叙事學》（張學軍）
《景石齋訓詁存稿》（路廣正）
《古漢字通解500例》（徐超）
《戰國至漢初簡帛人物名號整理研究》（王輝）
《瑶語方言歷史比較研究》（劉文）
《石學蠡探》（葉國良）
《因明通識》（姜寶昌）